大脑使用书 / 03

数独

○贾娟 编

中国華僑出版社
北京

序

一种名为“数独”（*Sudoku*）的数字拼图益智游戏，2004年年底开始风行欧洲。在短短的几个月内，这种游戏令很多人为之痴狂，而且不久席卷了整个世界。这样一个随手拿起纸笔就能玩的游戏，在欧洲到处都可以看得到，有人沉迷其中——拿着纸笔玩数独、电脑上玩数独、上网玩数独，最近甚至有人拿着手机玩数独。在地铁和公车上，随处能看到埋头做数独游戏的人，很多人因此坐过了站；沉迷其中的更有将网络游戏抛在一边的年轻一代。从澳大利亚到克罗地亚，从法国到美国，各家报纸杂志纷纷刊登这种填数游戏。日本人每月购买的数独杂志超过60万份；《纽约时报》将数独与其备受推崇的纵横字谜一同纳入周日刊上；在英国，数独不仅已发展成全民游戏，还有教师主张用它来训练学生的脑力，连报纸也靠它刺激销量。数独游戏相当有趣，几乎每个玩过的人都会上瘾。有人预言，数独很可能重演20世纪80年代人手一个魔方的盛况。而如今，数独这场智力旋风正劲吹我国。

“数独”的历史可追溯到200年前18世纪，由瑞士人里昂哈德·欧拉发明，当时称作“拉丁方块”，但原始版本太简单，也并未流传开来。在20世纪70年代，美国益智游戏杂志“*Dell Puzzle Magazines*”开始刊载，改名“数字拼图”，但始终只是众多拼图游戏中的一种，没有得到广泛的注意。1984年日本益智杂志《通信》员工金元信彦接触到美国猜谜书上某版本的数字游戏，认为可以用来吸引读者，便加以改良，增加难度，并取了新名字称作数独（*Sudoku*），意思是“独立的数字”，推出后一炮而红。不久，新西兰人韦恩·古德在日本的一本杂志上发现了数独谜题，立即迷恋上这一游戏。他开始编写可以生成数独谜题的电脑程序，然后在网上发布。2004年底，古德在伦敦走进《泰晤士报》报社向专栏编辑展示了这一游戏，从而让这种“没有文字的填字游戏”跨越了文字和文化的疆域，掀起新一轮的全球化头脑风暴。

数独游戏不需要复杂的工具，只需要一支铅笔，一块橡皮，不需要填字游戏所要求的语言和文化背景知识，只需要认识9个数字，因而它大受欢迎也就不难理解了。真正的数独并非只是简单的数字和方格的机械变化，在数字的移行换位中隐藏着独一无二的思维创意，它能全面激发游戏者的想象力、逻辑推理力和创新思维，据说还有助于降低罹患阿尔茨海默氏症（老年痴呆症）的风险。数独也许算不上刺激，但非常有趣，似乎思路被卡住了，却突然之间推敲出某个数字，从而成功地解出答案，由此而生的满足感相当之棒。

本书精选了世界上最新、最好的288个数独游戏，让广大中国读者与世界同步享受这种极具挑战的益智游戏，这些游戏适于任何年龄阶层的读者，将让你越玩越聪明，越玩越爱玩。

Contents

目 录

数独入门篇

下面将介绍数独谜题的一些基本规则和用最优攻略来解每道数独谜题的所有工具。

· 初识九宫格

空白的数独方阵如图1中所示，是一个9行9列的九宫格，又分为3×3的小九宫格。在本书中用方格的坐标值对其进行标识——先行后列：（1，3）表示最顶行，左起第三列；（9，8）表示最底行，左起第8列。用小九宫格来标识3×3的小九宫格，如图1中用数字标记。

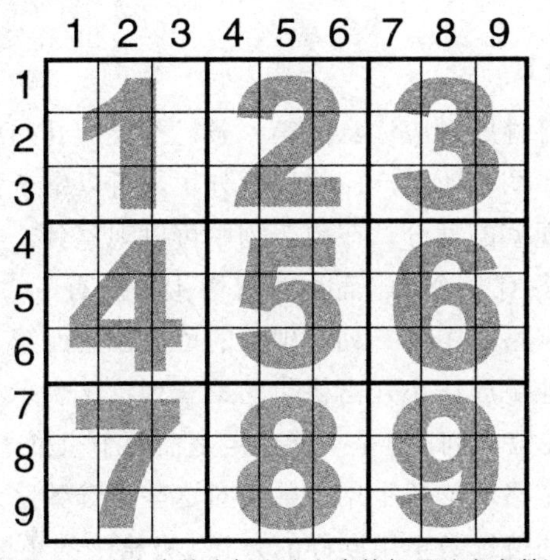

图1 示意九宫格坐标和小九宫格标号的空白数独

• 从基本规则开始

如图 2 所示，每道谜题开始在九宫格中都会有一组提示数字。我们先要坚持基本原则，数独的解答只需要用到逻辑运算，不需要加减乘除。解决数独谜题，尤其是较难的谜题时，需要将待选数字做标记。这些标记应随着谜题的解答而相应改变，所以当任意数字得以解答或部分解答时应擦去其标记。

4		3	6					
					1		2	4
	1			4		5		
			9		4		6	
3		2				4		9
	7		1		3			
		1		9			1	
2	4		3					
					8	2		7

图 2 难度适中的数独谜题

• 将谜题分块

开始解答谜题时应注意的第一条：不要一开始就试图纵观整个九宫格。如图 3 所示，应将谜题分块。可以拿一张纸来挡住九宫格中不去观察的部分。在前三列中可以观察到，小九宫格①和小九宫格⑦各有一个 1，而小九宫格④中没有 1。第二列中的 1 排除了小九宫格④中第二列出现 1 的可能性，而第三列中的 1 使得不能将其他 1 放在小九宫格④的第三列。这表示小九宫格④中的 1 肯定是在第一列，但是不能确定是在两个空格子中的哪一个。这时我们在空格子的角上用小数字对这些待选数字进行标记。在本书中所有的待选数字用同样的方式（方格中的小数字）来标记。

4		3	6					
					1		2	4
	1			4		5		
1			9		4		6	
3		2				4		9
1	7		1		3			
		1		9			4	
2	4		3					
					8	2		7

图 3 将数独分块观察而不是一开始就试图解答整个谜题

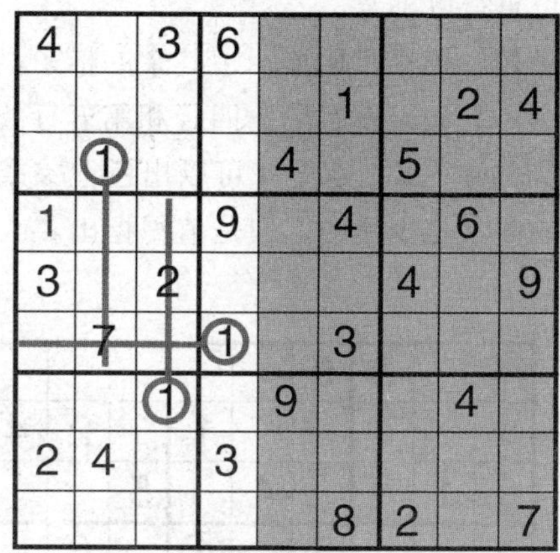

图 4 心里记着一个数字逐渐观察较大区域以寻找线索

• 循序渐进地观察较大区域

如图 4 所示，通过下一列的展示，在第六行找到一个 1。显然，因为此行已经有了一个 1，小九宫格④中的第六行再出现 1

的假设被否定，于是这个待选数字就可以擦去了。因此，数字1肯定只能出现在另一可选方格第四行、第一列（或方格4，1）。这是我们确定的第一个数字。

· 解答第二个数字

任意小九宫格、行或列中的空格子越少，对空格解答的机会就越大，所以应观察最为密集的行、列和小九宫格。如，可集中精力观察中间三行。小九宫格⑤和小九宫格⑥中各有一个4，但小九宫格④中没有4，所以看起来这是一个值得关注的数字。

第四行和第五行中的4表明小九宫格④中的4只能出现在(6，1）或（6，3），所以可以用铅笔标记之。如图5中观察第一列其他部分后发现此列已经有了一个4，所以小九宫格④中的4不能出现在（6，1），而只能放在余下的方格（6，3）。谜题的第二个数字的位置得以确定。

顺便提一句，如果我们展示了其余的格子，你有没有观察到第二列的数字4？如果没有用第四行和第五行的4来排除小九宫格④中第二列的4，那么这个4可以出色地完成这项工作。有这样额外便捷的线索是少见的，但是值得指出。

④		3	6					
					1		2	4
	1			4		5		
1			9		④		6	
3		2				④		9
	7	4	1		3			
		1		9			4	
2	4		3					
					8	2		7

图5 找4以解答谜题

• 破解第一个小九宫格

继续对已有线索进行探求，在图 6 中观察第四行和第五行的 9。这两个 9 排除了小九宫格④中除（6，1）外的任一方格出现 9 的可能性。所以用不着进行标记，9 只能放在这里。

接下来观察第四行的 6，它很好地排除了另外的 6 出现在小九宫格④中的第四行的可能性。因为在此小九宫格中一些数字的位置已经得以确定，所以余下的方格中唯一一个可能出现的只能是（5，2）。小九宫格④即将圆满完成，只余下数字 8 和 5 还要解答。这两个数字中每一个都可以放在（4，2）或（4，3）。目前由可观察到的线索来看，没有显而易见的方法来判断正确方格，所以一时卡壳了。

在我们继续之前，在两个方格都标上待选数字 5 和 8：在以后某个阶段我们将会解答某一数字进而解答整个小九宫格。

从这两个未解答的方格我们可以得到重要的提示：它们都可能包含 5 或 8（已证），同时也意味着 5 和 8 只可能出现在这两个方格，这不仅仅是针对所在的小九宫格，对于其所在行未解答的方格来说也是如此。此行只能出现一个 5 和一个 8，所以可以

4		3	6					
					1		2	4
	1			4		5		
1			9		4		6	
3	6	2				4		9
9	7	4	1		3			
		1		9			4	
2	4		3					
					8	2		7

图 6 方格（4，8）的 6 表示小九宫格④中的 6 只可能出现在（5，2）

得到它们所在的位置。

我们刚刚发现的可以称为一个成对的二元数组。二元数组的元素是指已被证明可能出现在两个方格其中之一的数字，可以用来排除此数字出现在九宫格其他部分的可能性。随着谜题难度的增加，二元数组可以帮助我们解决其他问题。

· 线索的使用

现在，你应该已经熟悉了给出数字的位置，不用再对九宫格进行部分遮挡，尽管在我们集中精力于某一特定部分时这会是一种十分有效的方法。如图 7 所示，“好”线索最后会自己跳入你的视野。这里已确定数字 4，可以排除另一个 4 出现在除小九宫格⑧的（9，4）外的任一位置的可能性。但这个九宫格中的数字 4 不能确定其他数字的位置，所以只好继续。

在图 8 中我们可以对九宫格进行很好的处理。已确定位置的数字 2 并不能马上用来确定小九宫格中的数字 2 的位置，但是可以证明 2 不是在（4，9）就是在（6，9）。鉴于数字 2 不能马上用来解答谜题，可以对其标记以便以后用到。

从给出的线索和已解答的方格中我们仍能得到许多观测结果

4		3	6					
					1		2	4
	1			④		5		
1	85	85	9		④		6	
3	6	2				4		9
9	7	4	1		3			
		1		9			④	
2	4		3					
			4		8	2		7

图 7 分离出“好”线索

和解决方案。如，观察第四列和第六列的3，以及第一行的3可以确定小九宫格②中3的位置。

这时你对一些数字的解答有了足够的线索，图9中是至此我们已解答的九宫格。从图中可以看到，这是到目前为止我们使用简单逻辑所能达到的效果。

4		3	6					
					1		②	4
	1			4		5		
1	8 5	8 5	9		4		6	2
3	6	②				4		9
9	7	4	1		3			2
		1		9			4	
2	4		3					
			4		8	②		7

图8 深刻掌握九宫格

4		3	6					
					1		2	4
	1			4		5		
1	8 5	8 5	9		4		6	2
3	6	2				4		9
9	7	4	1		3			2
		1		9			4	
2	4		3					
			4		8	2		7

图9 请自己解答谜题中其余部分，祝你好运！

数独提高篇

现在我们开始对谜题进行系统的解答，为此必须仔细地寻找每一处方格的秘密。考虑到谜题的难度等级，首先你应该决定是啃骨头似的记下每一方格的所有待选数字，还是一个小九宫格一个小九宫格（或是一行行、一列列）的挨个解答。鉴于此谜题为中等难度，我们可循序渐进地完成解答过程。

在图10中，小九宫格⑥中所有未定方格的待定数字都已标记出。检查每一方格所在的小九宫格、行和列，以确定这些待定数字。你可以试着自己练习检查这些数字。

因为小九宫格④中的二元数组的位置已经确定，所以可以证明8或5都不可能出现在方格（4，7）或（7，9）。

4		3	6					
					1		2	4
	1			4		5		
1	85	85	9		4	73	6	32
3	6	2				4	78 51	9
9	7	4	1		3	8	85	852
		1		9			4	
2	4		3					
			4		8	2		7

图10 尝试一下小九宫格⑥

• 选出单独的数字（独数）

观察小九宫格⑥最底行左端的方格会发现唯一能够放在此处的数字只有8。

从其所在的行和列来看并没有什么线索足以证明8是此方格的解，只有通过排除其他的待选数字才可以确定8放在（6，7）。

通过排除法而确定位置的数字我们称之为独数。

方格（6，7）中 8 的确定还有第二个作用，那就是排除了其所在的小九宫格、行和列出现其他 8 的可能性。出现的新态势如图 11。擦去所有待选数字 8 后，会发现已解答数字 8 的右边出现了新的独数 5，用同样的方法其位置也可以被确定。将 5 确定（擦去其余待选数字 5）后使得 2 单独出现在（6，9），于是

4		3	6					
					1		2	4
	1			4		5		
1	85	85	9		4	73	6	32
3	6	2				4	751	9
9	7	4	1		3	8	5	52
		1		9			4	
2	4		3					
			4		8	2		7

图 11 用独数来解答

4		3	6					
					1		2	4
	1			4		5		
1	85	85	9		4	73	6	32
3	6	2				4	71	9
9	7	4	1		3	8	5	2
		1		9			4	
2	4		3					
			4		8	2		7

图 12 试试这个谜题，留意独数。

其位置也可以确定，然后擦去待选数字 2，在（4，9）出现独数 3 等，尽可能地按照此方法一直做下去，如图 12 所示。余下的由你搞定。

· 困难的数独的解答

图13不仅示范了在本部分其他地方讨论到的许多数独原则，还考虑了那些不明显的问题。考虑一下数字 6：

◎列 1 和列 3 的数字 6，与方格（9，5）的数字 6，排除了在小九宫格⑦其他地方填数字 6 的可能性，除了（7，2）或者（8，2）以外。

◎因为在小九宫格⑨中的行 8 已经满了，小九宫格⑨的数字 6 只能是放到行 7 里面，所以，小九宫格⑦的数字 6 只能在（8，2）的行 8。

◎方格（5，8）里的数字 6 排除了列 8 填写数字 6 的可能。这就意味着，小九宫格⑨的数字 6 不可能放在（7，8），并且，（9，5）的数字 6 也排除了在小九宫格⑨中最下一行填数字 6 的可能，那么，只剩下（7，9）了。

		9	6	4		1		
7	1	3						
		6			7			
	9		3					8
	4		8		2		6	
6					9		2	
	6		9			2		6
	6					9	8	5
		4		6	5	3		

图 13 考虑那些不明显的

这时，在中间三列中，另一个数字6便可以很容易地解决了。由于数独的对称性，通过一组中未解决的数字总可以推断出另外一组未解决的数字。这些数字常常有助于解答另外的数字。当我们知道这个数字只能放到这些方格的一个中的时候，一个方格的两个未解决的数字刚好可以起到一个已解决的数字的作用。用数独的行话来说，这些未解决的数字的排列称为二元数组或三元数组。

· 无关的待选数字

下面是难度更高级别的数独的一些解答攻略。为了使这些图解能起到作用，你必须小心翼翼地去发现小九宫格中每一个未解答的方格的所有的待选数字。如图14所示，多数方格已经得到了解答，但是还有一些仍然留下了铅笔标记的待选数字。每一个待选数字看似都有一个二选一的方格可以放进去，这时就要用到推理。

请你集中注意力在列4上。如果我们考虑小九宫格⑧的话，它有两组待选数字5与2、7与2，我们先考虑一下（8，4）与（9，4）

82	28	9	6	4	3	9	5	7
7	1	3	52	52	8	6	9	4
4	5	6	1	9	7	8	3	2
52	9	752	3	752	6	4	1	8
3	4	751	8	751	2	75	6	9
6	87	87 51	6	751	9	75	2	3
51	3	751	9	8	41	2	74	6
21	6	721	72	3	41	9	8	5
9	872	4	72	6	5	3	7	1

图14 仔细看看这些待选数字

的一对数字 7 与 2。这里教你点小魔法：在小九宫格⑧中，我们发现，必须将数字 7 或者 2 放到方格（8，4）或者（9，4）中的任意一个，即是说，这两个方格必须是列 4 中仅有的两个包含这些数字的方格。所以，我们现在知道了，在列 4 中，数字 7 与数字 2 就不可能出现在（2，4）中，那么，在那个方格中就只剩下数字 5 了，所以问题就解决了，因而小九宫格②的数字 2 必须出现在（2，5）中。

上面我们所发现的是一组配对，这些数有助于我们解答那些最麻烦的问题。有时候，你可能会在小九宫格、行或者列发现诸如7 2 1这样的一组数。如果数字 1 在别的地方是待选数字的话，你就可以将其从 7 2 1 的数组中移除掉了。这样，空着的两个方格就只能填数字 7 或者数字 2，即如果数字 7 放在一个方格，数字 2 放在另一个方格的话，就没有放数字 1 的地方了。在行话中，这叫隐性配对。在图 14 中，我们的配对刚好排除了一个数字 2，

28	28	1
3	9	7
6	5	4
58	1	358
7	6	359
4	23	23 59
59	7	359
89	4	389
1	238	6

2	8	1
3	9	7
6	5	4
58	1	358
7	6	359
4	23	23 59
59	7	359
89	4	389
1	238	6

图 15 在（左边）的第一纵行中，三个灰色方格共有三个数字，它们是相互排斥的，不能重复出现，这就意味着方格（1，1）只能填入数字 2，解决了这个方格，方格（1，2）就只能填入数字 8（见右边）。

有时候，通过这样的配对可以逐一排除待选数字。或许，最让你头晕、最困难的数独模型是这样的——当三个数字在一个小九宫格、行或者列共用三个方格的情况下，从这些配对中进行筛选。这时适用同样的原理：这三个方格必须单独包含这三个数字。

例如，图 15 左侧第一纵行的第四个、第七个和第八个方格需要填入数字 5、8、9，而且这三个数字只能填入这些方格中，不能填入该纵行的其他地方。因此，该纵行的第一个小方格就只能填入数字 2。这样，方格（1，2）就只能是数字 8 了，如图 15 右侧所示。不过，这个例子仅仅排出了一种选择，你可以尝试用这种方法剔除更多的选择。

• 特殊的方形数独

这种数独由许多白色的小方格组成，纵向或横向排列的几个白色方格被称为“区块”。举例来说，在图 16 中，B 行的三个白色方格就是一个“区块”。

要解答这种数独，你必须遵照下面三条规则在所有的白色方格中填入数字：

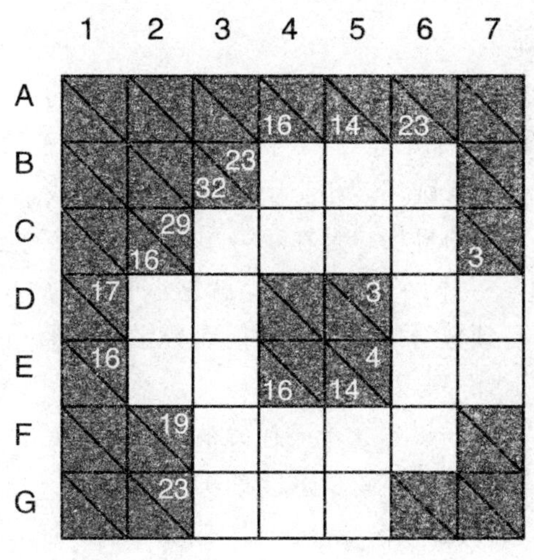

图 16

1. 你只能将 1 至 9 的数字填入空格，数字 0 不能出现；

2. 每一个区块的所有数字加起来必须等于目标总和，也就是说：斜线上方的数字等于该方格右边横向白色方格里的数字之和，斜线下方的数字等于该方格下面纵向白色方格里的数字之和。

3. 在每个区块内，每个数字只能出现一次。

举例来说，在图 16 中第 3 列区块有 5 个需要填数字的白色方格，这 5 个不同的数字加起来最后的总和为“32”，即在 5 个方格中求和 32。什么样的数字组合才合适呢？

记住哦！在同一个区块内，一个数字不能出现两次，比如：

9+8+7+4+4=32

这个式子尽管几个数字加起来等于 32，但是，数字“4”用了两次，这样是不符合规则的。而下面这些数字组合都是有效的：

9+8+7+6+2=32

9+8+7+5+3=32

9+8+6+5+4=32

现在，我已告诉你正确的数字组合，接下来就该轮到你按正确的顺序填放了。

• 圆形数独

如果你因为做普通的方形数独而觉得单调的话，我们给你提供了圆形的数独来调剂一下，圆形数独也叫靶子数独。图 15 的靶子数独是一个 4 圆环，相当于一个馅饼被切成了 8 份，每一份有 4 个小块。你的目标就是在每一小块上放一个数字（每份四个数字）。所以，每两个邻近的份上就包含了从 1 到 8 的所有数字。每个环同样必须包含从 1 到 8 的所有数字（0 到 9 的 5 圆环谜题则被切成了 10 份）。

规则：每隔一块包含着同样的数字——但是并不按照同样的顺序，因为每个数字都必须出现在每个环里。

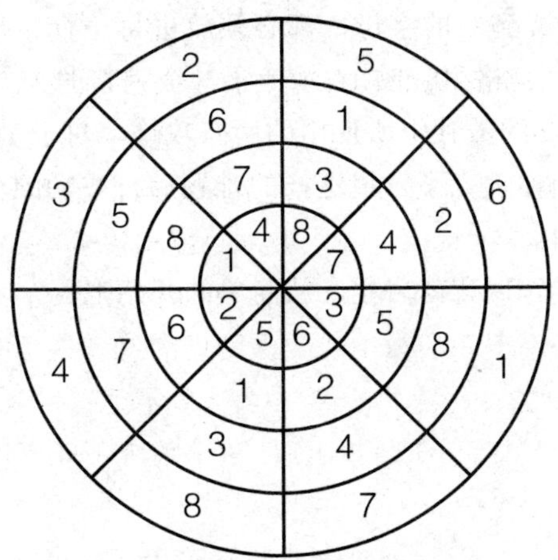

图 17 在一个圆形数独中，每两个相邻的一份上都包含了从 1 到 8 的阿拉伯数字。

• 类固醇型的数独

如果你认为一些 9×9 的数独很难的话，这个 16×16 的数独就会让你发疯了。正如你所期望的，16×16 谜题的规则只有些许不同。同那些数字一样，你必须使用字母 A 到 G。每一个 1 到

7	2	B	4	8	F	3	A	5	6	E	G	D	1	C	9
1	5	F	G	6	9	C	7	A	B	3	D	4	E	2	8
6	A	E	9	D	4	5	2	C	1	7	8	F	B	G	3
8	3	D	C	B	G	E	1	2	4	9	F	A	5	6	7
A	6	G	5	C	E	B	8	4	D	F	2	3	9	7	1
D	F	2	3	4	A	7	G	9	E	B	1	8	7	5	6
4	C	7	B	3	1	D	9	8	5	G	B	E	F	A	2
E	1	9	8	5	6	2	F	3	7	A	C	G	4	B	D
B	9	6	F	2	3	G	5	1	A	C	E	7	8	D	4
2	G	4	D	E	8	F	C	7	3	6	9	B	A	1	5
5	8	3	1	A	7	9	D	F	2	4	B	6	G	E	C
C	E	A	7	1	B	6	4	G	8	D	5	2	3	9	F
G	7	1	6	9	D	4	3	B	C	8	A	5	2	F	E
9	4	8	E	G	2	1	B	D	F	5	7	C	B	3	A
3	D	5	2	F	C	A	6	E	G	1	4	9	7	8	B
F	B	C	A	7	5	8	E	6	9	2	3	1	D	4	G

图 18 使用 1 到 9 的数字与 A 到 G 的字母的 16×16 的谜题

9 的数字与 A 到 G 的字母，都必须放进每一行、每一列和每一个 4×4 的小九宫格里。图 16 示范了一个完整的 16×16 的方格。

在 9×9 的数独中所使用的所有攻略，对于 16×16 的谜题同样有效，当你攻克了一道这样的难题后，成功的喜悦会溢满你的整个身心的。

怎么样？现在就启程，从简单的开始吧。

初级篇

NO. 001

4	1		8	3	5			
9				1		8	5	
2				7		3	1	6
	5	2	9		3	7	6	8
	3	7	5		1	2	4	
8	9	4	6		7	1	3	
3	6	8		5				1
	4	1		9				7
			1	6	4		8	3

NO. 002

5		2		8	1	7		6
1		4	6	9	3			
		8		7	5	1	4	3
3	1			2			5	9
	9		5		4		8	
4	8			1			7	2
6	4	3	9	5		2		
			8	3	2	9		4
8		9	1	4		5		7

NO. 003

5	1	8		2			4	
		3		8	7	5	2	
2		4		6	1	8	9	
1			9		3		6	2
4	3		6		2		8	7
9	6		8		4			5
	4	1	7	9		2		8
	2	9	1	3		6		
	5			4		3	1	9

NO. 004

		2	4	5	9	7		
8	4	5		7	1			9
		1			6	5	3	4
	7		2	3	8		9	
1	6	8				2	4	3
	2		6	1	4		5	
9	1	3	5			4		
4			9	8		3	1	2
		7	1	4	3	9		

NO. 005

		7			1	3		
9	5	3		8		2	4	
	4		2		3		6	5
4		5	7					9
				1	5			
1			9			5		2
5	3		1		8	9		
	1	8		7		6	5	4
		9	5				1	

NO. 006

	9		2		7			3
6			4	9	8			1
	5	4			1		9	
	1	2		8		4		5
	8		1		5		3	
3		5				1	2	
	4		5	6		3	8	
8				7	3			4
5			8		4			

NO. 007

	5		9		2	6		7
6					8		3	9
	4		7	3			5	
	8		2	4	3			6
5	9						8	2
2			8	9	5		1	
	2			7	1			4
	3		6					8
1		6	3		4	9		

NO. 008

		2	9	7	1			
9		7	2			4		8
	5				8		9	
7		4		1		5		3
	3		4		2		7	
1		8		3		6		9
	8		7				3	
2		3			4	9		6
			3	6	9	7		

NO. 009

	7				4			3
	6		8		5	7	1	4
	5	4	3			8		
1	8	5			2	3		9
	4						8	
6		3	1			4		5
		8			1	6	4	
4	1	2	7		3		5	
5			2				3	

NO. 010

					4			6
	9	4		2		7		1
3	6		5	9			4	
9				4		8		
	7	3	9		8	6	1	
		8		3				7
	3			8	2		7	9
7		2		1		4	6	
1			7					

NO. 011

5	2	3		8				
6	1	7	3		4	2	8	5
8		9		2			3	
2	8	4	9	3	6	1		7
9	7	1	4		2	3		8
3		5		7		4	9	2
7					9		4	6
	5		2		3			9
	9	6	7					

NO. 012

9	1		7				5	6
		7		5		4	1	
5	4	3	2	6	1	9		8
7	3	4			6	8	9	
8	5	6	9			1	2	
	2	9	5	3	8	6	4	7
	9	1					6	4
3			4	1				9
	7		6	9				

NO. 013

	7	3	9			4	5	
1					7		2	6
	4					7	9	
3	1	4	5	7	8	9	6	2
	2	8				5	7	3
6	5	7	3	2	9		1	
7	3		8		2		4	
	8	2	1	9	5		3	
	6	1	7				8	

NO. 014

1			9	8		4	3	
4	9		2			1	6	
		3	4		6	7		9
6			1			8	9	2
9			8	2		6		3
3	2	8		7	9		4	1
7	3		5			2	8	6
2			7	6		3		4
		6	3		2	9	5	

NO. 015

3	4	9	6	5	1		8	
8	1			3	2		5	
	7	2	4				6	3
	3	4		9	5		7	
7	8	5	2	6	4			1
				7	8	5	4	
2		3	9	4	7		1	
1	6	8		2				
4	9	7	8				2	

NO. 016

	3			9	5			2
	6	9	2				3	
2	5	7	3	4	1		9	6
3				5	4	6	7	9
	9		7	2	6	1	8	
	7	1			9	4	2	5
				1	8	3	6	7
7	8	3	5		2	9		
9		6					5	

NO. 017

9		4		3			2	
8				7	5	1		4
			9			7	6	3
	5		1	8				
	9	1				6	8	
				6	2		5	
5	3	7			4			
2		6	7	1				9
	1			2		3		8

NO. 018

9				1	8	7		
4		3			9		6	
	7		5			8	2	
			3	6		1	7	2
		5				4		
1	6	7		9	2			
	1	6			4		8	
	9		2			6		3
		4	8	3				5

NO. 019

					1		8	2
	2	1			6	3		
8		6		7	3		4	
9	5		4			7		
4			6		2			1
		8			5		2	9
	6		1	8		9		3
		9	3			5	6	
7	4		5					

NO. 020

		5	1	7			6	
					9	2	4	8
4	9		8					5
	4	6		3				1
1			6		7			2
3				4		8	5	
7					3		8	9
5	3	1	4					
	2			6	5	3		

NO. 021

		2		3	8			5
	4	7	2				8	
	1				6	7		3
4	7	9	6	1				
		5				2		
				7	3	4	9	6
2		3	1				7	
	9				5	8	6	
1			8	4		9		

NO. 022

3			7	1			5	8
	9				6			
7		2		5		3		4
4	3	9			1	7		
		5				8		
		7	3			1	4	6
2		1		8		4		9
			5				1	
6	7			4	9			2

NO. 023

	3				7			4
6		2		4	1			
	5			3		9	6	7
	4				3			6
	8	7				3	5	
9			7				2	
7	1	8		2			4	
			1	6		8		9
4			5				3	

NO. 024

	6	1		3			2	
	5				8	1		7
					7		3	4
		9			6		7	8
		3	2		9	5		
5	7		3			9		
1	9		7					
8		2	4				6	
	4			1		2	5	

NO. 025

	8				1	6		
	7		4				2	1
5			3	9	6			
2		4		5		1	3	
		8	9		7	5		
	5	7		3		9		2
			5	6	3			9
3	1				2		5	
		5	8				4	

NO. 026

		9			1	6	2	
5	7			2	8		3	
3			7					4
8	9			7		4		
	6		5		3		9	
		1		9			7	6
6					7			8
	4		1	3			6	5
	2	7	6			9		

NO. 027

1	8	7		5	9		3	2
		2	1	8	3		7	
3		4			7	9	1	
	7	6		9				3
5	2		7		4		9	6
8				2		4	5	
	3	8	9			2		1
	4		6	3	1	7		
6	9		8	7		3	4	5

NO. 028

9			6	8	4	7		
7			9	1		2	6	8
1	6	8				9		5
	8		4	9	7		3	
2	3	1				4	7	9
	7		1	2	3		5	
6		7				3	2	4
3	9	5		4	1			7
		4	7	3	6			1

NO. 029

6		8		4	2	3		5
		3	5				7	2
	4	2	1			6		
7				3			6	
3		9		5		7		1
	2			6				9
		5			7	9		
9	3				8	1		
4		7	6	9		2	8	

NO. 030

		3		6		9	5	
	8			9				
5		1				8		6
8	6			3			4	9
		5	9	8	4	7		
7	4			1			3	8
1			6		8	3		7
				5			8	
	2	8		7		6		

NO. 031

		9	7				6	
8								9
		7	4	1		3		
	9		1		7	2		6
		4				8		
1		5	2		3		4	
		2		7	4	6		
5								4
	7				6	5	1	

NO. 032

			3		1			
	1	2				9	3	
9	8						6	1
		9	1	7	2	3		
		7	5	6	9	8		
5	9						7	3
	6	1				5	4	
			9		3			

NO. 033

8		4	1	2			7	
			9	5	4			
	5		8					
	2	6		8		9		
		8		1		4	6	
					9		4	
			7	6	8			
	3			4	1	8		6

NO. 034

7			5		9			4
	9	4	8		2	3	5	
		6	2		1	7		
4								2
		1	7		3	4		
	1	3	9		4	6	7	
9			3		8			1

NO. 035

		5				9		
	9		3		4		5	
4	3						6	8
		8	6		9	4		
2								9
		3	1		2	5		
1	8						9	5
	5		8		1		2	
		9				8		

NO. 036

	2	5				1	9	
		4	1		9	7		
9	7						8	4
			9	5	6			
				4				
			2	1	3			
4	5						2	7
		9	5		2	6		
	6	2				5	1	

NO. 037

	6	1		3			2	
	5				8	1		7
					7		3	4
		9			6		7	8
		3	2		9	5		
5	7		3			9		
1	9		7					
8		2	4				6	
	4			1		2	5	

NO. 038

	8	5				2	1	
	9	4		1	2			3
			3			7		4
5		3	4		9			
	4		2		6		3	
			1		3	9		7
6		8			5			
1			8	4		3	6	
	2	7				8	9	

NO. 039

		1		9		2	7	
		9			2		5	
2					3			
3				1	4			2
	8						4	
1			2	8				5
			9					7
	1		3			9		
	4	6		7		5		

NO. 040

		7				9		
2			5		7			6
	8		1		4		7	
	4			1			3	
6		1				8		9
	9			8			6	
	5		8		9		1	
1			6		3			2
		6				3		

NO. 041

		4	1	2	3			6
	7	1				2	8	5
6	2	9		7	8			3
			3	5	9	6	4	
9	1	3				5	2	7
	4	6	7	1	2			
2			9	3		8	5	4
4	3	5				1	6	
1			6	4	5	3		

NO. 042

3	4	9		6				2
		6	7	1	4			9
		7	2	3		4	8	6
2	5	8	4	7			9	
	7		9		6		1	
	9			8	5	7	2	4
7	6	4		5	2	9		
1			6	9	3	2		
9				4		5	6	1

NO. 043

1			8	3				2
5	7				1			
			5		9		6	4
7		4			8	5	9	
		3		1		4		
	5	1	4			3		6
3	6		7		4			
			6				7	9
8				5	2			3

NO. 044

8	5	1		6	7	2	4	9
9			1	8	5		6	7
6	7		4	9	2	1	5	
	1	9	8	4		5		
	6	8		5	3		2	1
4	3				1	9		
1	8	7	5	3	4	6	9	
							1	
	2				9	8		

NO. 045

3	4		9			7	8	2
2	5	9		3	8	1		4
		6			2	3		
9	1				3	4	7	6
	2			7		8	3	9
6		3	8	4		5		1
	6	7	3			2	1	8
	3			8			5	7
8	9		1		7		4	

NO. 046

5		2				7		3
7	6	9	5	2	3	1	4	
3	1	4	8	7	6			9
1	3		6	5		2	9	
6		7	1	3	2	4	8	
2				8	9	6		
	5	1						
8	7		3	4	5		1	2
	2					8	5	

NO. 047

	2		1			3		8
9		3		2				6
1	6		9		3		4	2
	7	2			1	9		
8				4				3
		9	7			8	1	
6	3		2		4		8	9
5				9		6		1
2		8			5		3	

NO. 048

	2			3		1		4
				1	6		2	3
4			2					8
9		6	1	8			5	
				5				
	7			6	3	8		1
8					9			5
5	9		8	7				
3		4		2			8	

NO. 049

	4			2		3		
		9		5				6
2			4		6		1	
		4				5	3	
5		1		9		4	7	8
	2	8				6		
	1	5	2		3			7
3				6		1		
		6		7			2	

NO. 050

		6				5		
	7	2	1	8	3		9	
4		8		5	6	7		3
	5		9		4		8	
	4	7		2		1	5	
	6		7		5		4	
7		5		4		2		9
	2		5	9	7	8	3	
		9				4		

NO. 051

8		6		2	1		4	
					3		8	7
	7	3			6	1		
		8			5		7	9
4			6		7			3
9	5		4			2		
		9	1			5	6	
2	4		5					
	6		3	8		9		1

NO. 052

	7	1		6	5		8	
			9			4		
8	3			1			5	2
6	9	3			8			5
7								1
5			6			8	3	4
3	4			7			2	6
		6			1			
	2		4	3		5	9	

NO. 053

	1	4			8	2	3	
	3		7	2	5		6	
5					3	9		
		1	5					8
	2	3				5	9	
9					6	7		
		7	6					1
	5		1	9	7		4	
	4	8	3			6	7	

NO. 054

		6			7	3		8
5	8				3			
4				1	6	7	5	
8	2				9	5		
	3		7		8		4	
		1	4				2	9
	6	2	3	5				7
			9				1	4
7		9	6			2		

NO. 055

	6		1		9		8	
	1	9				7	4	
8								1
		7	9		2	6		
	3						2	
		1	4		3	5		
1								5
	7	5				2	3	
	9		5		6		7	

NO. 056

3	8		5		4		6	7
6								
	4		1			8		9
		3		6			1	
				4				
	2			1		6		
9		8			7		4	
								2
5	7		4		8		9	6

NO. 057

3	9			1			4	8
8	4		9		5		6	2
		9	1		8	2		
	2						5	
		1	6		4	3		
5	8		7		1		2	3
2	1			8			9	7

NO. 058

	4	6		9		5	1	
		2	3		1	9		
			6		5			
6	7						5	4
	8						6	
5	2						9	8
			7		4			
		5	2		9	8		
	6	1		8		7	2	

NO. 059

				9	6			4
		1						2
5	6				8			
2		8					9	
9		6	3		5	2		7
	3					4		6
			9				5	8
7						9		
8			4	5				

NO. 060

5			1	3				
				8		2	3	
8						5		7
3			5	6				
4	6						9	5
				2	3			8
7		6						9
	9	5		1				
				5	8			6

NO. 061

			4					1
	5			2				
	3	6			5	2		9
	6				1	8		
8	7						6	3
		9	8				1	
5		8	7			6	2	
				8			7	
7					4			

NO. 062

	2		9		3		1	
	6	7				3	2	
1								7
		4	2	1	9	7		
		6	3	4	7	8		
4								8
	8	2				1	7	
	1		8		2		4	

NO. 063

	7			6	5	8		1
		4		2				
	8	3	4				6	
3			2				9	
				5				
	2				8			7
	9				3	2	1	
				9		3		
1		2	5	7			8	

NO. 064

5			2		9			6
	1	2	8		5	9	7	
		7	5		6	2		
1								9
		3	7		1	4		
	9	4	1		7	3	5	
7			4		2			1

NO. 065

	3				1	8		
7				2			3	1
						4	2	
		7		1				6
4			8		7			2
1				6		7		
	4	6						
3	5			8				7
		8	2				1	

NO. 066

	3			8				4
	7			9	6			8
2			4					
	5					9		2
4	2						1	7
3		7					5	
					2			5
9			8	1			7	
6				3			8	

NO. 067

9			8		2			6
			9		3			
3		7				4		8
		2	5		7	8		
	4						3	
		6	1		4	2		
2		8				1		3
			3		9			
6			4		8			2

NO. 068

	3				1		9	
2		8			7			
1						2		7
	5	3		8	9	7	2	
				6				
	7	6	3	4		1	5	
7		9						8
			9			4		2
	4		5				3	

NO. 069

3	8						7	4
		5	4		2	9		
7								2
		7	6	9	1	4		
		9	7	8	4	3		
9								6
		8	5		3	7		
6	7						8	3

NO. 070

6	2		8					
	1	5					4	
7				9		3		
		4				9		6
8			2		4			5
2		1				4		
		6		3				4
	7					6	9	
					2		5	3

NO. 071

8			3		1			4
			9		4			
	6	9				2	3	
		8	6		3	5		
	3						6	
		4	7		9	3		
	7	1				9	8	
			1		5			
3			2		7			5

NO. 072

7		1	5		3	4		8
		9				5		
	5	8				1	3	
			7	5	2			
				1				
			6	3	4			
	1	6				7	9	
		7				6		
5		4	8		6	3		1

NO. 073

5	6						2	8
	2	8		6		4	3	
1	3						5	6
			9		7			
				8				
			4		2			
6	4						8	5
	8	1		5		2	9	
2	9						7	1

NO. 074

6		7		3			2	
8			7			6		
3	4					1		
4			6				8	
				4				
	2				3			1
		4					9	3
		1			9			5
	9			5		2		4

NO. 075

8		9	1			5	7	
		4			6	2	9	8
3		7		8	5		1	4
	3		6	2	4		5	
2	4	1				8	3	6
	7		8	1	3		4	
7	9		2	5		4		1
4	5	2	3			7		
	8	6			9	3		5

NO. 076

	2	4		8				
1	7			6		2	8	3
8			9	7	2	5	4	1
3	9	2	6		7			
	8	1	3		5	6	7	
			8		1	3	9	4
2	6	8	4	1	9			5
7	4	5		3			1	9
				5		4	2	

NO. 077

7	5	1	9	4				8
4	6	8		2			3	
			6	5	8	1	4	
5			3	9		8		4
2		4	8		1	7		5
8		6		7	5			2
	7	9	2	8	6			
	4			3		2	8	6
6				1	4	9	7	3

NO. 078

	7			2	6		8	
1		6	9			2	7	5
2		5	1		3	4		6
	1	7			4			
		3	2		7	8		
			8			1	3	
7			3		2	9		8
3		8			5	7		2
	9		7	8			4	

NO. 079

			4			3		2
9		6		1		4	7	5
3	1				5		6	
	9		6		4		5	8
		1				7		
7	6		8		1		9	
	5		2				8	3
	8	2		5		9		7
4		7			6			

NO. 080

		3				1		
	9		1	4	6		7	
5				3				9
	4	1		8		7	2	
	7		4	6	2		1	
	8	2		5		3	6	
7				9				1
	2		3	1	7		5	
		4				8		

NO. 081

				9		8	2	
	2					5		9
7		9		1				
	6	2	7		1		9	
				6				
	8		3		9	1	4	
				8		9		2
8		4					3	
	1	6		3				

NO. 082

	7		1		6			5
2	3	1						4
				9			3	
							8	2
		3	9		5	1		
7	4							
	5			7				
3						5	7	9
1			2		8		4	

NO. 083

9		4				2		7
	2		8		4		6	
5								3
		5	9	6	3	7		
		3	2	8	5	9		
1								5
	5		3		9		4	
8		2				3		1

NO. 084

8				3				6
			1				5	
9	7	1		2				
2		7	9			4		1
5		6			3	8		9
				6		9	2	7
	1				2			
3				7				8

NO. 085

		4			2	5		
				5		4	8	
9		2				1		7
	9			3	8		5	
				4				
	1		5	2			6	
6		9				3		1
	3	7		6				
		5	3			6		

NO. 086

6	4		8					
		1	3			8		4
7			1	2		3	6	
		2			7		5	9
	8		4		3		7	
4	5		9			6		
	1	5		6	8			3
3		9			1	5		
					9		2	7

NO. 087

	8	7		2	3			9
		2	9		5		3	
	5				7	1	6	
3			1	5		6		8
8	2						1	4
6		1		8	2			5
	1	6	2				9	
	9		4		1	7		
7			5	6		2	8	

NO. 088

7		9	1					6
6	1		4	2		9		
			7			5	8	
8			5			7	6	
	4		9		3		5	
	6	3			7			2
	3	2			4			
		5		8	1		2	9
1					9	3		4

NO. 089

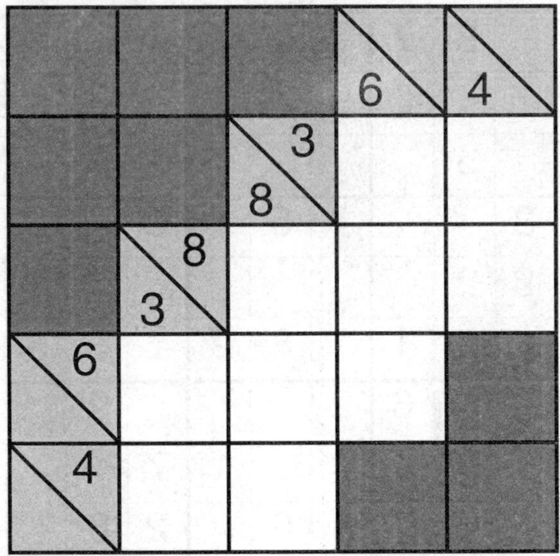

NO. 090

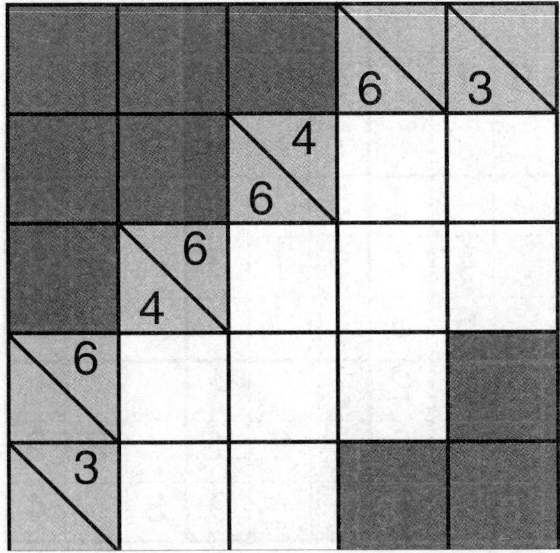

NO. 091

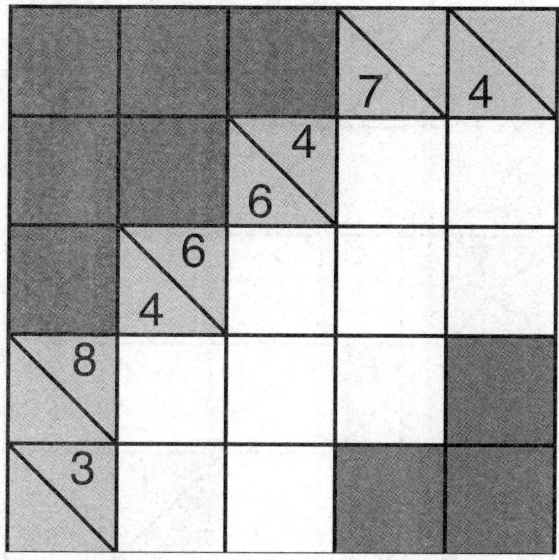

NO. 092

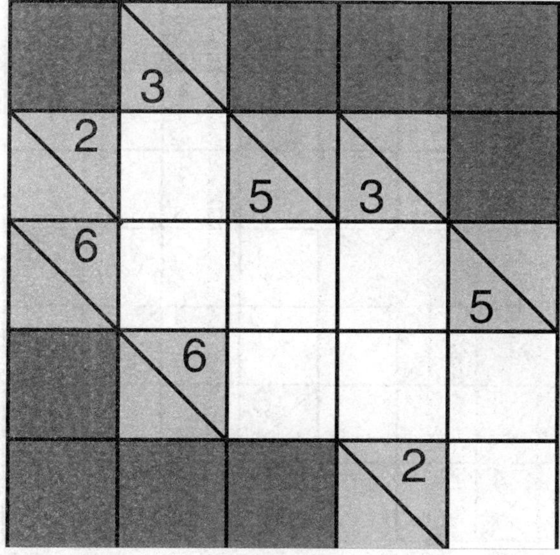

NO. 093

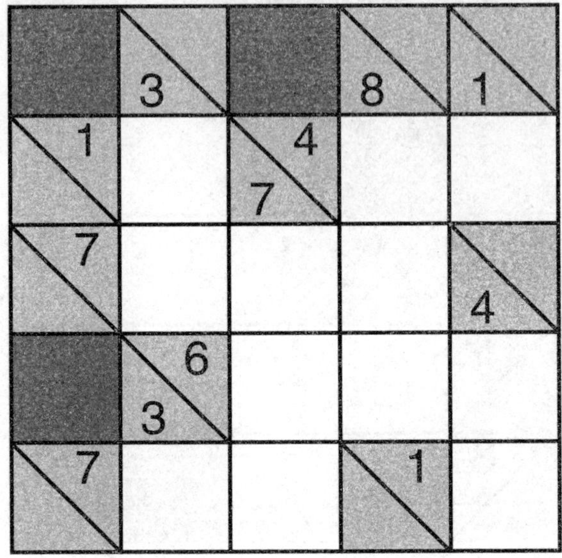

NO. 094

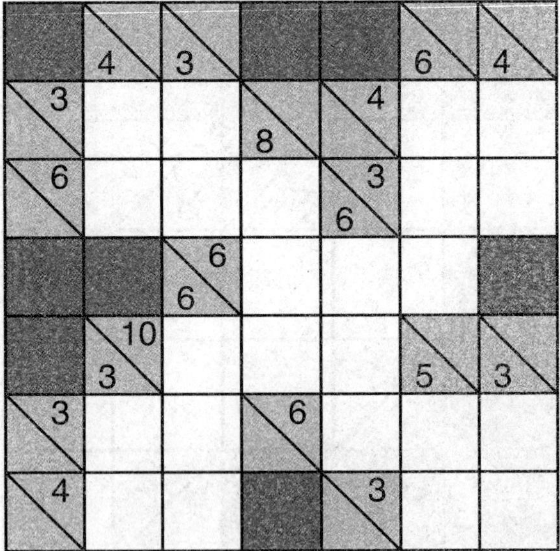

NO. 095

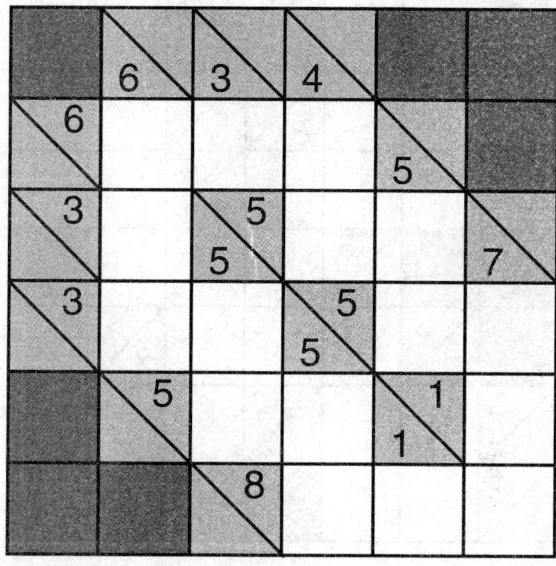

NO. 096

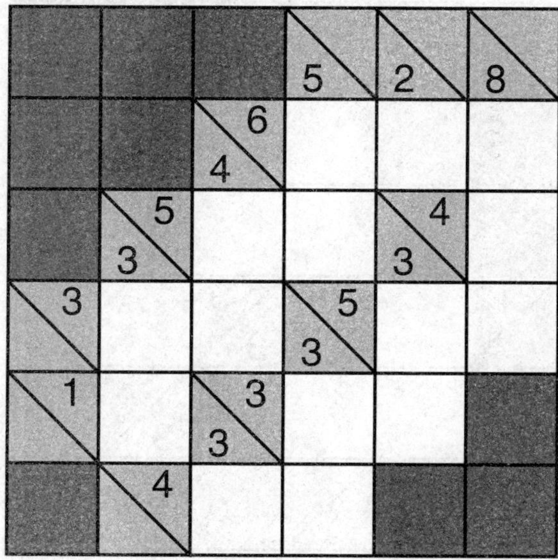

NO. 097

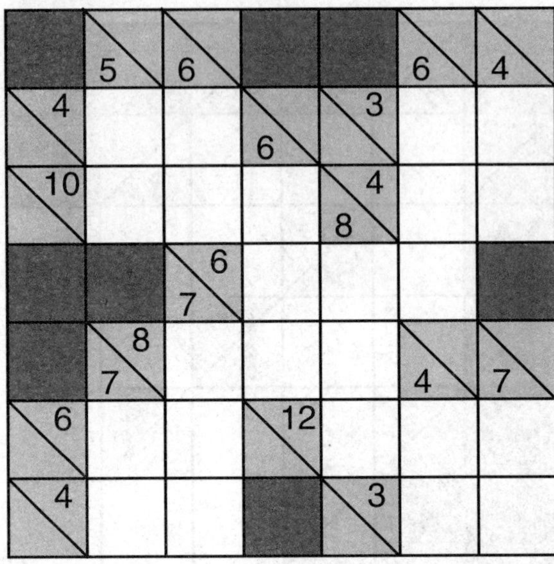

NO. 098

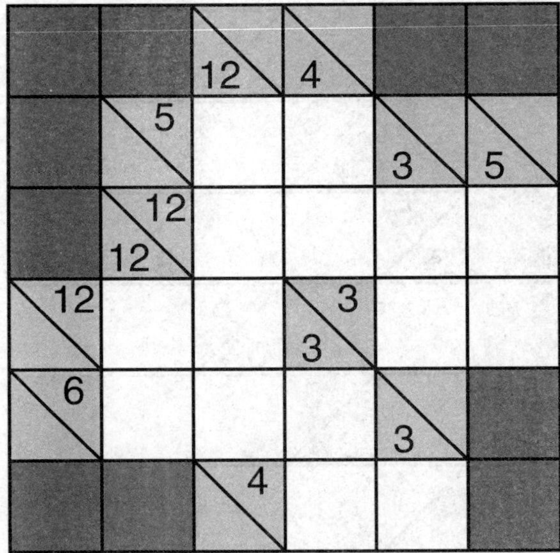

中级篇

NO. 099

			9	4	8			3
3	2	7				8		9
8				7		1	5	
	5				1			
			6		4			
			7				9	
	4	9		2				7
7		8				6	2	4
1			4	3	7			

NO. 100

5	4	8						1
				9		6	7	
			3	8	1			
					5	2	1	
6		7	8		2	3		9
	1	9	4					
			6	7	8			
	3	2		5				
7						8	9	5

NO. 101

5	7	2						
						9	8	5
			6	3	5		4	
				7		5	6	3
9			2		8			7
1	5	7		4				
	9		8	2	1			
2	3	5						
						2	7	4

NO. 102

3	2			4				
			5	2		1	3	6
5	1				7			
		3				9	5	
				7				
	5	4				3		
			1				9	5
4	6	1		5	9			
				6			1	2

NO. 103

			6	4			3	5
				8		2		
	7					4	8	
			5		8	3		6
	6						9	
8		9	2		3			
	9	5					1	
		3		1				
6	8			3	9			

NO. 104

		4	3			5		6
1	6							
	3		6	1				
4	8	3		2				
		2				6		
				8		1	2	3
				4	7		6	
							9	2
7		8			9	4		

NO. 105

7								
2	4		1		8			
	6			7	2			3
		4		2	9		8	
	7						6	
	9		4	6		7		
1			6	8			3	
			3		7		9	1
								6

NO. 106

	7				9	5		
			3			8		9
4	9	8						
			5	3		9		
9		3				2		6
		6		2	4			
						4	1	5
2		5			7			
		4	1				7	

NO. 107

						1	7	
7			2			9		6
1			9	8	7			
	2					4		
	5		3		9		8	
		9					5	
			6	5	4			1
2		8			3			5
	1	5						

NO. 108

				5		2	3	
2								7
			4		1	6		8
	3	7		4	6		5	
				7				
	6		1	8		4	7	
3		9	7		2			
4								3
	7	8		3				

NO. 109

		4			1	7		
8		9				2		
						6	3	9
		5	7		2			8
			5		6			
7			1		9	4		
4	5	6						
		2				5		4
		8	2			3		

NO. 110

			6			5		4
5				3		9	6	
	7		1			2	3	
		8				1		
			9		3			
		2				4		
	3	1			6		8	
	4	5		2				1
9		6			5			

NO. 111

			9		6			
	9						7	
6	8	7				4	2	9
		6	8		3	5		
5								2
		9	7		2	1		
1	4	2				7	8	6
	6						4	
			6		7			

NO. 112

		3	4	2		1		
			6		7		8	
8			5					
	9				2			5
	8	1				6	7	
2			7				4	
					1			4
	1		2		6			
		2		7	9	5		

NO. 113

5							3	6
9		8		5		4		
6					7			
		1		8	3	7		
			6		2			
		6	4	7		5		
			7					2
		9		1		3		4
1	4							8

NO. 114

2		7		3	8			
					2	8		
1			4					9
	2			6		5	9	
		6				3		
	3	8		7			2	
8					6			3
		2	1					
			3	9		4		2

NO. 115

7				5			3	
6			7		9	8		
	2	4	1					
5	7	6			8			
			3			1	6	7
					7	3	1	
		5	2		6			9
	8			9				6

NO. 116

				2	4		9	
		6		8	3			
		3	9					5
				1			3	9
	6	8				1	5	
1	7			4				
9					6	4		
			8	3		5		
	2		4	7				

NO. 117

3		6		5			2	
				6			4	
		4	9					8
			8	4		6	5	
	2						1	
	5	9		1	6			
1					3	4		
	3			9				
	4			7		1		3

NO. 118

8		6				2		7
	7			3		9	8	
			4			5		
7		2	3					
	5						3	
					5	7		2
		8			6			
	9	1		7			5	
5		7				3		8

NO. 119

			9					
		6	2				4	
		7		6	5	1		
	4	2			6		1	
5			1		8			4
	1		4			7	9	
		9	8	4		3		
	8				7	4		
					9			

NO: 120

	7		3	2				
	8	6	5	4				
5			9				3	
1						6		
	5		6		2		4	
		9						1
	1				8			3
				7	9	4	5	
				5	3		7	

NO. 121

				1	2			9
6	4		8		3		2	
								7
	9	7						4
4			5		1			8
1						2	9	
3								
	1		6		9		4	5
9			2	3				

NO. 122

1		7				2		
2	5	4			8			
	3				2			7
			3		4	9	6	
				1				
	4	3	2		6			
4			6				8	
			7			6	2	5
		5				1		9

NO. 123

					8		3	7
		8	9	2				5
			7				6	
	2				5			8
9								6
5			2				9	
	1				2			
8				6	1	4		
6	5		8					

NO. 124

					4	8	5	9
4				5		2		
9					3		1	
5		2						
	7			6			4	
						3		5
	1		3					6
		5		8				4
6	2	3	5					

NO. 125

		3					6	5
4			2		6		8	
					5		3	
7						5		2
			3		7			
1		8						9
	1		7					
	7		1		4			8
9	6					7		

NO. 126

2		5					3	7
			7					
		6		1	8			
	5			4			8	
	4	7		5		2	9	
	2			6			5	
			6	3		4		
					1			
8	3					1		9

NO. 127

	4		9		5		8	1
2					8			
		6						3
	5		6				3	
6				3				8
	3				9		7	
5						7		
			7					2
9	2		4		6		1	

NO. 128

8		2			1		6	
	4				8	5		
				7				2
			8			6	3	
7								1
	5	6			7			
3				1				
		9	5				1	
	1		2			3		4

NO. 129

	3			4			8	9
		9		7				
	1		8			3		2
8					3			4
				9				
2			6					1
5		3			8		2	
				3		7		
9	4			2			5	

NO. 130

8	4				9	1		
				7		8	9	5
	1							
1					8	4		
			5	2	3			
		5	9					2
							6	
7	2	1		4				
		6	1				4	8

NO. 131

4		7		6		9		1
8		6				5		
	1	5				3		
7					4		8	
			2	7		4		
9		2						7
6				9				5
						2		
1	2	9					3	

NO. 132

	2		6		5		7	
	8			4			3	
9								1
		4	1		7	5		
8								4
		2	4		8	9		
7								6
	4			8			9	
	5		7		1		8	

NO. 133

	3	2	1					
4	7							
8		6				1	3	4
	6		9	1				
3								1
				4	8		9	
6	2	4				3		8
							5	6
					3	9	4	

NO. 134

	8				7		6	
2				1				
1		4				2		7
4					2		5	
	2	1				6	8	
	7		3					2
7		6				4		8
				3				9
	1		8				7	

NO. 135

8			2		9			7
		9	3		6	2		
3								6
		7	6		1	3		
	3						5	
		8	9		3	6		
1								8
		3	1		8	7		
9			4		7			3

NO. 136

			1		3	9		5
9					4			
	5		2	6			8	
		2					7	
6			3		7			8
	4					2		
	8			5	2		1	
			6					9
3		6	7		1			

NO. 137

		6	3				5	
	1					8		
3			9		4	1	7	
		7	5	9				
		9				4		
				6	8	9		
	6	1	8		5			2
		2					1	
	5				2	7		

NO. 138

	6	5						1
			1			3	7	
			4	8		6		
				4	8	1		5
		4				9		
8		1	6	2				
		9		7	6			
	8	3			1			
6						7	9	

NO. 139

	4		2					
		9				2		
3				9	8	7		1
2	3	1		5				
	9						3	
				1		6	2	8
5		3	4	2				6
		2				3		
					1		5	

NO. 140

5						9		1
		7					8	
			9	6	8			7
			1	3		6	5	
				2				
	9	3		5	4			
7			4	9	2			
	2					1		
4		5						2

NO. 141

8	3						2	7
			3		5			
1	6						8	3
		8	4	6	7	1		
		1	5	3	8	7		
7	4						6	1
			7		4			
2	1						7	5

NO. 142

		1		9		2	7	
		9			2		5	
2					3			
3				1	4			2
	8						4	
1			2	8				5
			9					7
	1		3			9		
	4	6		7		5		

NO. 143

9			2	7	8	1		
		1		3		2	4	9
		3						
	3		8					
		7				5		
					4		3	
						3		
5	7	8		4		9		
		4	5	1	6			7

NO. 144

								4
	2	8	7	5			3	
	3	1			2			
6	5		2	3	7			
				9				
			6	8	1		5	9
			9			8	6	
	9			2	4	3	1	
5								

NO. 145

		8	6					2
3	9				2			
		4	3	7				
		3				8	1	
6		2		1		3		4
	1	5				2		
				6	3	7		
			5				4	9
2					8	1		

NO. 146

8								4
	2						7	
		9	1		6	5		
		6	2		8	9		
	9			3			4	
		2	4		7	8		
		7	9		5	6		
	8						2	
6								9

NO. 147

				6				
9			3			4		
7			4	9		2		
4			9	2			6	
		6				5		
	3			8	4			1
		3		1	6			4
		2			8			7
				3				

NO. 148

			7				8	
	8				9		5	
		2			4		3	
			5	4		6		
6				3				1
		3		7	8			
	3		4			7		
	1		3				9	
	2				6			

NO. 149

3		2	7					9
		8					4	5
		4			1	3		
				5	9			
	9			3			6	
			2	6				
		1	4			2		
2	6					1		
4					2	5		3

NO. 150

1	2							8
		6			9		4	
					5			6
	5			7		3	1	
			5		4			
	7	2		3			6	
6			7					
	4		6			5		
9							3	7

NO. 151

		2		3			1	
	7							5
		3	5		2			
6			9		4	1		
1				2				8
		7	3		6			2
			8		9	3		
7							6	
	4			7		5		

NO. 152

			8			9	1	
					5	7		
5			6		3		4	8
2				4			8	3
			2		1			
1	3			7				2
4	1		7		2			9
		9	3					
	8	6			9			

NO. 153

			1	9	7	6		
	2					1		
6					2	8		
	4		9	5			3	8
7	8			3	4		6	
		4	7					2
		6					5	
		8	3	2	9			

NO. 154

2	5			8			6	4
		3	6		2	9		
	3	9				6	2	
			3		7			
	6	1				4	5	
		6	4		9	7		
3	7			5			9	2

NO. 155

8			7	3	2			1
1	9						2	8
		4	5		1	6		
7								4
		9	4		7	1		
2	4						3	6
9			1	2	8			7

NO. 156

5					9		6	2
8	7			5			3	
1				4		5	2	
3			9		6			1
	8	4		2				3
	1			6			4	7
7	4		8					9

NO. 157

		5						6
4			2		9			
3	7			6				8
	4				6			7
	8			5			2	
1			3				9	
5				8			3	2
			9		7			1
6						7		

NO. 158

	2							6
	8					2	5	
7			2	9				1
		6		5				9
	4	7				1	3	
5				8		7		
6				7	9			2
	1	3					9	
9							1	

NO. 159

	7	6	2				5	1
	5		6			4		
		4		1				
2	8							6
		3				9		
6							7	4
				8		7		
		9			6		4	
8	6				9	5	2	

NO. 160

		3		2		9		
7			9		3			8
	8	6				4	3	
			3		6			
	3						1	
			4		2			
	1	7				8	9	
8			5		1			3
		4		3		6		

NO. 161

9	2							
		5		4				
	4				5	7		1
	5	8		9				
1			7		6			5
				1		6	8	
2		3	8				4	
							5	8
				2		1		

NO. 162

2					6	8		
6								9
		9			8	7		
8		5		3	2			1
			5		7			
7			8	1		9		3
		3	2			6		
9								8
		8	1					7

NO. 163

	8		7		3			
2							7	3
	7		5	2			6	1
			1					
6	9						2	8
					8			
7	5			6	9		4	
9	4							7
			2		7		1	

NO. 164

8					7		3	
	7	5	9					
			3	1				9
					1	2		4
5	6						7	1
9		4	7					
1				7	9			
					2	3	9	
	4		6					7

NO. 165

		7			1	9		
	2		3					
8				4		6		5
7	3						8	
4	9						3	6
	5						9	2
3		4		8				9
					5		6	
		5	2			3		

NO. 166

5			4	7	9		8	
						5		
			8			3		7
		1		6	3			
8			9		2			6
			5	1		7		
1		7			4			
		9						
	3		1	5	6			9

NO. 167

			6		5	7		2
	2	7	3				5	
						1		
	9				6			7
7		5				9		8
6			5				4	
		6						
	7				1	8	2	
1		2	8		7			

NO. 168

4					9		5	3
	3				6	8		
	9							
	6			7		1		
	2	9	3		1	4	6	
		4		6			9	
							7	
		1	5				3	
9	8		1					6

NO. 169

1		7		2	9			6
3			7					
9		2		4		8		
6			8					
		5				6		
					4			3
		4		3		5		2
					2			1
5			9	1		7		4

NO. 170

	3				6	1	7	
	6	9						4
4				7				2
		3	7	6				
			9		5			
				1	8	9		
2				3				1
3						4	5	
	9	8	6				2	

NO. 171

		5	7				3	4
				5			8	
		4					7	2
			5	2				8
		2	1		9	4		
5				4	3			
1	2					8		
	5			9				
3	7				1	9		

NO. 172

		5	4		2	1		
	2			6			4	
1	7						9	2
			2		7			
2								8
			9		6			
8	5						1	4
	9			2			7	
		1	3		8	2		

NO. 173

		8		1		7		
	4		6	7		8		
		2			4	6	1	
	9					1		8
2		1					9	
	7	5	9			4		
		4		5	2		6	
		9		3		5		

NO. 174

						5		3
		7	8			6		
				5		8	9	
			1	2			6	7
4		6				1		5
5	2			6	7			
	8	5		3				
		4			9	3		
7		3						

NO. 175

4	1				9			
5		9		6	4			
	8		7		5			
					1			8
3			9		6			4
6			8					
			5		7		9	
			4	9		5		6
			6				7	3

NO. 176

			5		4			
					8		4	3
4		2		7		9		5
	8	1						7
		7				6		
3						5	1	
5		3		4		2		1
8	1		3					
			9		5			

NO. 177

2								1
		1	2	9	8	4		
9	5						6	3
			5	1	3			
				8				
			9	2	4			
7	3						5	6
		9	3	6	2	1		
6								2

NO. 178

	2				8		1	7
	5							
6	8			7				2
3	7		9		6	8		
		5	7		3		9	6
7				1			6	8
							5	
5	9		8				3	

NO. 179

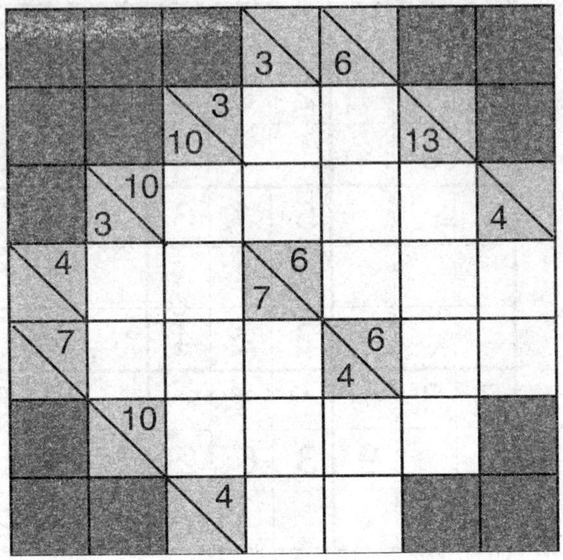

NO. 180

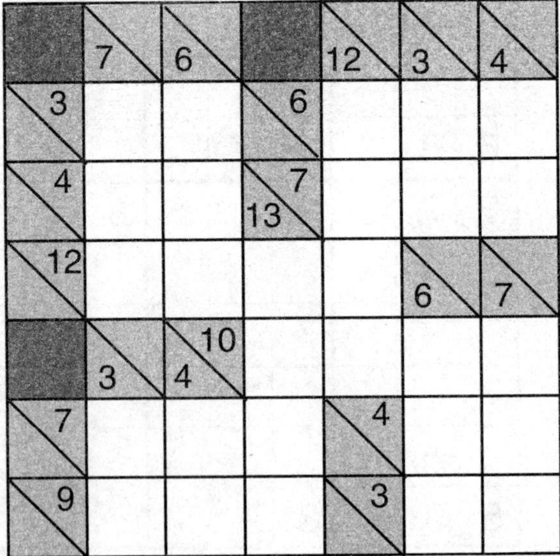

NO. 181

■	4\	16\	14\	■	6\	12\
\10				\12		
\20				11\4		
■	■	6\6				■
■	4\6				3\	4\
\3			\6			
\4			\9			

NO. 182

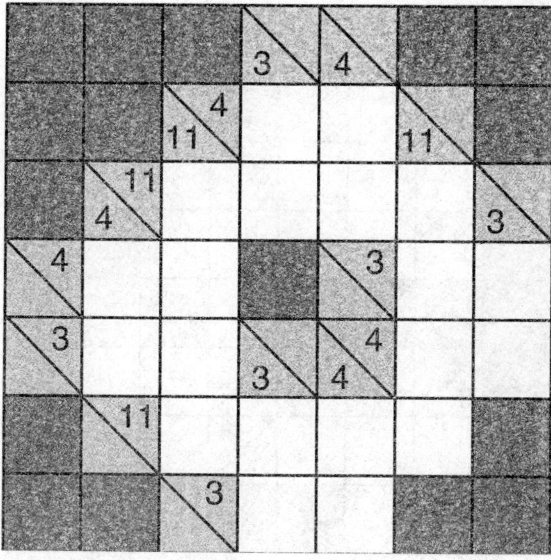

NO. 183

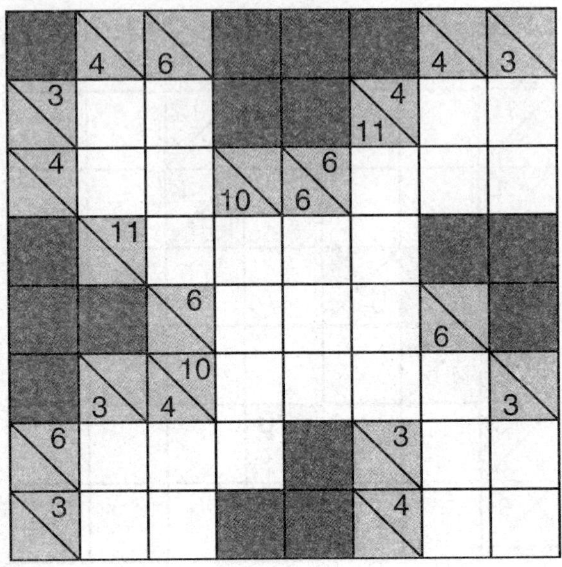

NO. 184

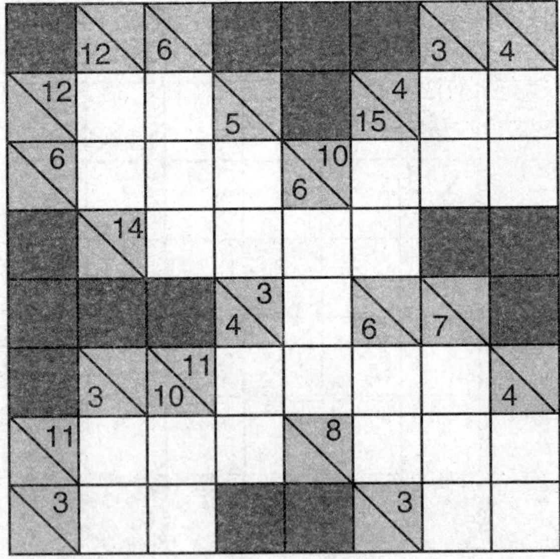

NO. 185

■	↓3	↓4	↓10	■	↓6	↓3
→7				→4		
→6				↓11 →3		
■	■	↓6 →6				■
■	↓4 →6				↓3	↓4
→4			→6			
→3			→9			

NO. 186

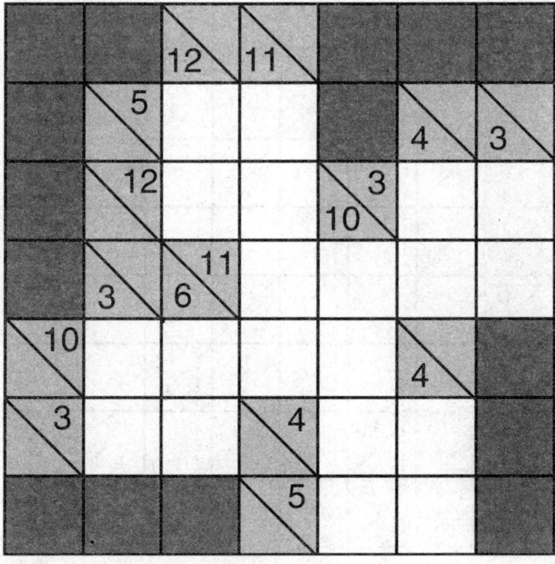

NO. 187

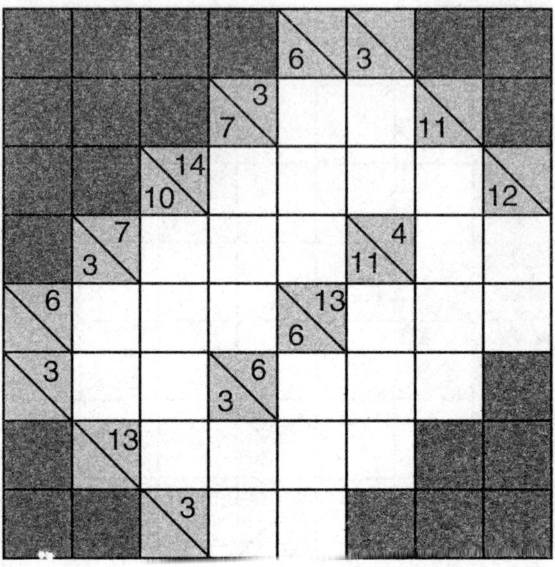

NO. 188

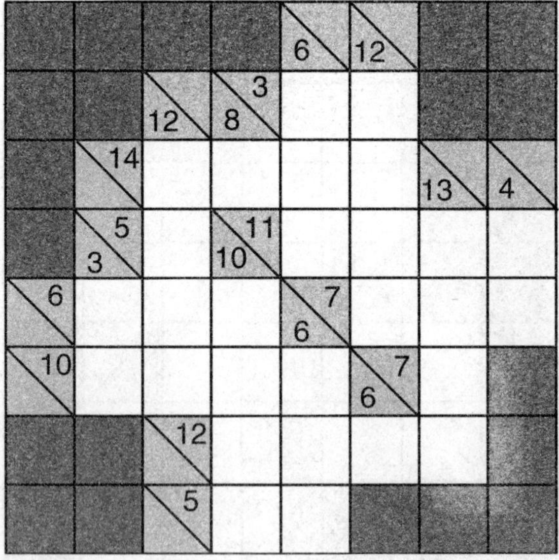

NO. 189

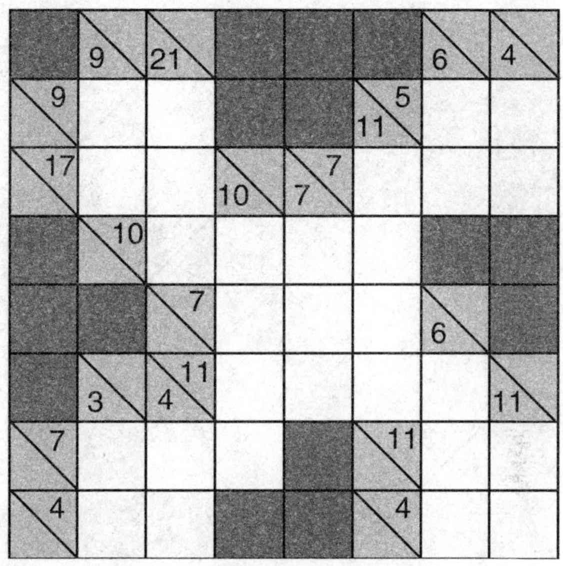

NO. 190

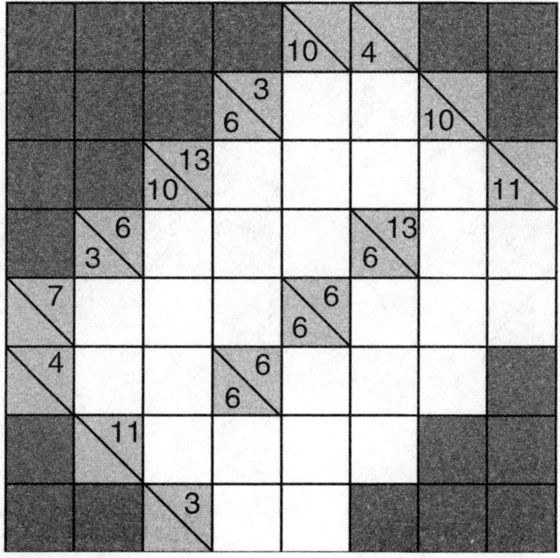

NO. 191

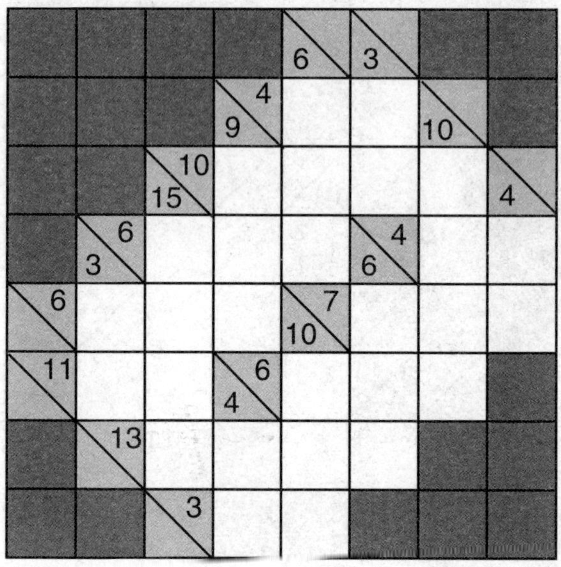

NO. 192

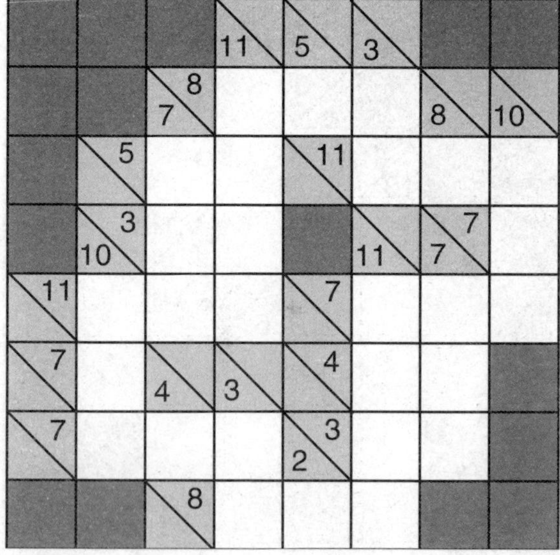

NO. 193

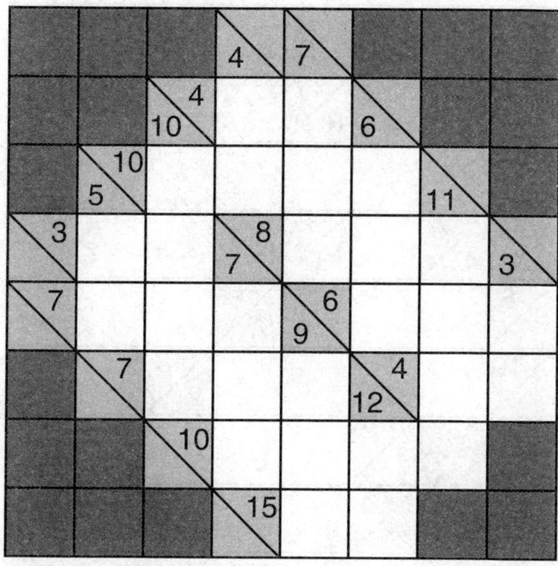

NO. 194

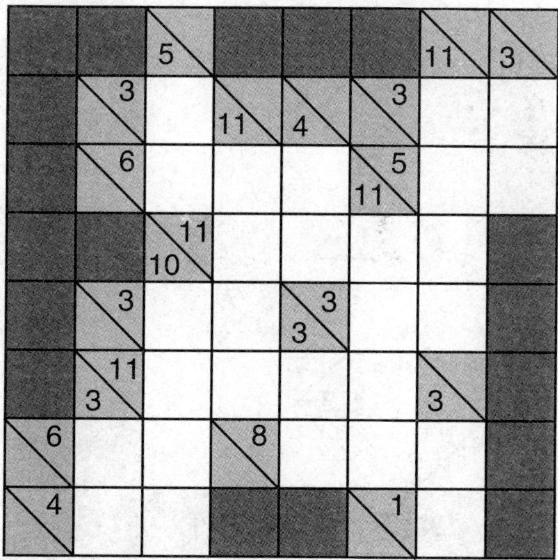

NO. 195

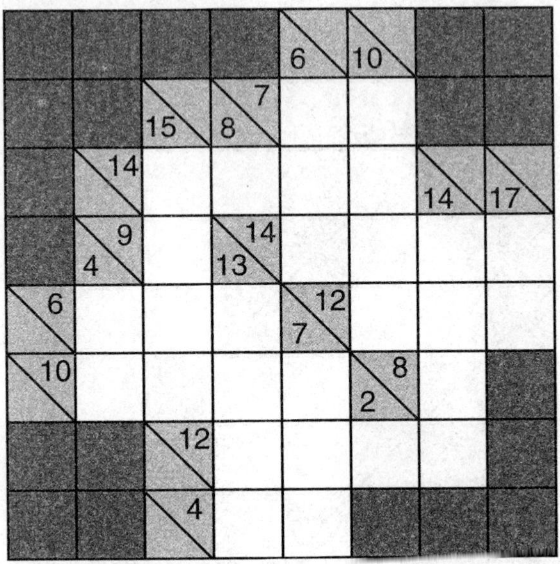

NO. 196

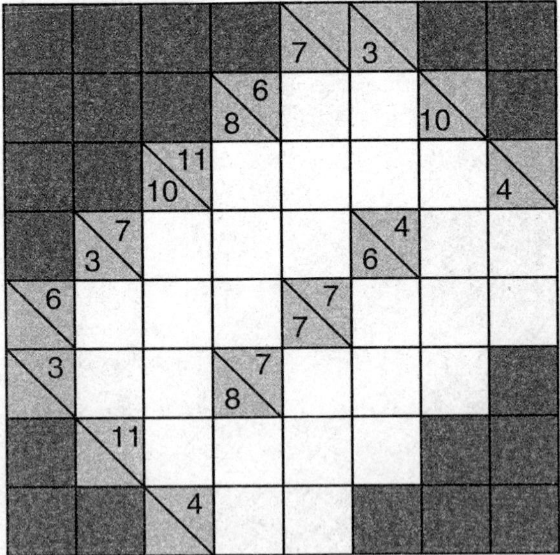

高级篇

NO. 197

	6	5		4	3	9	7	
	8		2					
3				1				9
8								5
7				6				4
					9		6	
	2	1	4	5		3	8	

NO. 198

					3	9		
6	1	2						7
							2	8
				4	9	8		
		8				1		
		5	6	7				
7	3							
2						6	9	5
		4	2					

NO. 199

2							4	
			3	7	8			9
						6		1
					4	7	9	
	6						8	
	5	8	2					
8		7						
4			5	9	1			
	2							3

NO. 200

						5		
		7		9	3			1
		4					6	2
			2		4			8
1								3
6			1		5			
5	9					2		
4			8	7		1		
		6						

NO. 201

1			8					5
			4	7		1		
	7				2			
		7					1	8
	9			6				
3	5					2		
			6				4	
		4		5	9			
2					3			7

NO. 202

		4	8	7			3	
2	1				9			
		3						
	6		5					
4		1				9		5
					7		2	
						1		
			2				7	8
	5			8	6	4		

NO. 203

				7				1
6	4				2			9
		8						
8		3	5					
		4		8		9		
					9	7		6
						3		
9			1				6	2
5				4				

NO. 204

3					6			
				2	1			
8	6				7	3	2	
	2	4						
9								3
						6	7	
	9	3	1				5	2
			7	5				
			8					6

NO. 205

7	1							
2		9		5		6		
					8		9	
		6		3	2			
		8				4		
			1	8		9		
	3		7					
		4		1		7		8
							5	3

NO. 206

	1				8			6
								3
				7	5	4		
		2			4		8	
	4	6				7	9	
	5		9			1		
		5	3	6				
8								
9			8				5	

NO. 207

		5	4	3			1	
1					2			
7								9
	8						2	
3								6
	2						3	
2								8
			9					7
	4			8	1	5		

NO. 208

		8	3				1	6
	5	1			8			
			1				2	
	6			2	4			
		7				4		
			6	9			8	
	4				3			
			4			9	7	
1	9				7	8		

NO. 209

			1			7		
	7						1	9
8		6				2		
		7		1	6		2	
4								7
	9		4	7		3		
		9				5		6
1	5						8	
		4			2			

NO. 210

				7			9	4
					2	3	1	
			3	4			2	
		7			3	4		
2			8		7			3
		8	9			6		
	2			9	6			
	4	3	7					
9	1			3				

NO. 211

	8				1	6		
		5						3
3							9	
8	5		9	1				7
		9	2		5	3		
1				7	4		5	2
	3							6
9						2		
		8	6				1	

NO. 212

			7	4				
		5	6	8		7	2	
					9			6
5			1	9				3
	4						1	
9				6	2			5
8			5					
	1	4		3	6	9		
				1	7			

NO. 213

1								
		2	3				7	4
			2				8	5
6			8	7			5	
			9		6			
	9			2	4			3
5	8				2			
9	4				7	8		
								6

NO. 214

		3		5				7
	6				1			8
		7	4					
	1	9			3			
5		8				1		2
			1			4	8	
					4	2		
3			2				9	
9				6		8		

NO. 215

	6		1					
4			8	7				6
			3				5	
8	5		6					
		1		4		3		
					3		9	5
	7				5			
5				1	8			2
					7		8	

NO. 216

4				3	6		5	8
	3	8	4	7		1		
			9					
	6		7					
2								7
					8		9	
					4			
		4		9	1	2	6	
3	9		6	2				5

NO. 217

	5	8		6		9		3
		2			9			
	4		8					5
		5	6					2
	9						7	
4					2	5		
3					1		5	
			2			3		
1		9		7		2	4	

NO. 218

						2	6	
	1		3					
	2	7		6				8
		8			7			1
	3	1				6	7	
5			2			9		
1				7		8	2	
					4		1	
	4	9						

NO. 219

4			1		3			9
		2	8		6	3		
1								8
	1			5			3	
2				7				5
	7			6			2	
6								3
		1	6		5	9		
5			7		2			4

NO. 220

	8		7	9				
					2		9	
		3			8	4	5	
		8						1
	9	6				3	7	
3						2		
	3	2	5			9		
	4		8					
				6	4		2	

NO. 221

4	6				1			
		2		9	6			
	3						6	8
							3	7
			6		7			
5	1							
8	4						5	
			7	1		9		
			3				2	4

NO. 222

	1	9	2			5		
7				8		3		
	4		5					
3								
	2		1		7		8	
								1
					4		5	
		5		1				6
		2			6	7	9	

NO. 223

7	5			9			4	6
9		1				3		2
2			6		1			7
	8						2	
1			3		8			5
3		9				2		4
8	4			3			7	9

NO. 224

	6						2	7
			5	1				
7			8					9
5	4			7				
			4		8			
				3			8	2
3					2			1
				6	3			
6	9						3	

NO. 225

3			1					4
							9	
		2			9		3	
1			2			7		
		3				8		
		8			6			1
	1		4			2		
	5							
4					7			8

NO. 226

	1				8	4		7
9	5							
		8		1				
	8	2						
7			4		6			8
						6	2	
				5		7		
							8	2
5		3	2				1	

NO. 227

				5	6			9
	1	5						
	3			7				
						7	5	6
3			4		9			1
8	6	2						
				8			2	
						1	4	
7			3	2				

NO. 228

		2	6	4		5	8	
					9	1		
9			3		4			5
1								7
6			8		7			2
		3	2					
	4	8		5	6	9		

NO. 229

			5	6	7			
		1						4
						8	9	
	5		9				1	
3	9						7	2
	2				8		5	
	7	9						
8						6		
			4	2	3			

NO. 230

1			9		7			3
	8						7	
		9				6		
		7	2		9	4		
4	1						9	5
		8	5		4	3		
		3				7		
	5						4	
2			8		6			9

NO. 231

2			5			4	7	
	4				8			1
3			7		4	8		
					2	7		
6								2
		9	6					
		1	4		3			7
4			2				5	
	5	2			9			3

NO. 232

7		4		8		9		
			6			3		5
				9			7	
	3	6	1		8			
2								8
			9		3	2	1	
	8			1				
1		3			6			
		2		3		8		1

NO. 233

6			5		8	2		
8							4	
	7	1		6	2			
	4			2	1			6
3								8
					7	3	9	
4	5	9		1				
			9	3	4			
				8		9		

NO. 234

4			2	7				
9				1			5	
				5	6	8		
	2		4			3		
	8	1					2	6
			5				1	
					5	7		1
8	4					6		2
			8	2			9	

NO. 235

4								
	9		1				7	
7	8		6	2	5			4
1			7			2		
		9		3				
2	7				6			3
3		6	5					8
	4	2		7		3		
			2					

NO. 236

		6	4		1			
		2		5		1		4
					6			7
		8	6	3				5
	9				7			1
						2	9	
5	7					9		2
							4	3
	2			7	3	8		

NO. 237

			4					2
		4		1	2			9
	7				8			
	2			9		1	7	
				8				
	6	1		5			4	
			9				5	
6			1	2		3		
1					3			

NO. 238

	1	9	2			5		
7				8		3		
	4		5					
3								
	2		1		7		8	
								1
					4		5	
		5		1				6
		2			6	7	9	

NO. 239

			3	4				
2						4		7
	7				8			5
		3			1			2
		9		6		8		
7			2			3		
5			6				1	
1		2						9
				1	4			

NO. 240

1				3	4			9
7	4							
				8		2		
	9		7	2		1	5	
	1	7		9	3		2	
		3		5				
							9	6
6			9	7				5

NO. 241

		9						2
			3	1		8		
2		8	6					
	5			2				1
			4		8			
6				9			4	
					6	4		3
		7		8	5			
1						2		

NO. 242

		7	5		9		4	
				7	1			5
	9							8
6	5	9			8			
		1				5		
			2			9	1	6
5							7	
3			9	2				
	7		3		5	8		

NO. 243

							4	
		8		9	3	2	5	7
		5			1	8		3
3			9				7	
			2		7			
	7				5			8
1		4	7			3		
8	5	7	3	4		6		
	2							

NO. 244

				3				5
			8		1		7	3
		8		4		2	1	
4		7		1			9	
	2			9		7		6
	9	3		7		6		
6	4		9		3			
1				2				

NO. 245

9			4					
		5		6				
					8	7		6
8			2	4	6	9		
	1						7	
		9	8	7	1			5
2		8	1					
				3		4		
					2			3

NO. 246

				3		2		
							1	9
		6	9			4	7	
	9		3					7
4			5		7			2
2					8		6	
	5	2			9	3		
3	8							
		7		5				

NO. 247

8	3	4		1				
	1		2			9		
2		9	7				8	
			4	9				
	2	1				7	9	
				7	1			
	8				9	2		3
		6			7		5	
				5		8	6	9

NO. 248

	3						9	8
1			9			6		
		6		2			5	
		1					8	
7			5		6			4
	9					3		
	1			8		7		
		7			4			5
5	4						3	

NO. 249

		3	8					5
						8		
	5	8	6		4	9		
7				4			9	
		5				6		
	4			3				7
		1	5		8	7	2	
		9						
5					9	4		

NO. 250

8			9		1			7						
		1			7		4							
7				6			8							
2		7			9		3							
		4	7		6	2								
3		9				4		6						
9				5				2	1	9		5		7
	3			9			1							2
1			8		3			4	2					
						8				3		4		
									8		2			
								9		7				5
											6	7		
						6							5	
						4		7		5	3	8		

NO. 251

			3		4									
5				1				3						
7	2						8	1						
1	3		9		5		7	4						
2	9		4		8		5	6						
9	7						3	2	1			7	4	6
8				7		5		9		6				
			8		9					2		9		
									9		2			1
							6	8				3	9	
						7			6		8			
								4		8		5		3
						1				9				2
						3	8	5						

NO. 252

4	7				2		5	3						
		1	9		7		2	8						
6			5			9								
	1	4						2						
8			1		3			9						
7						5	6							
					5			7			8	5		6
2	6		8		9	4				1			9	8
9	3		2				1	6	7				4	
							5		8		4	2	7	
						1								9
							4	9	1		2		3	
							7				5	6	2	
						5	2			7				3
						9		8	4			1		

NO. 253

7	5							6						
		9			3		8							
					1			9						
	1			4		2	7							
			1		8									
	4	5		2			9							
9			4				3							1
	8		9			1			8	5			2	
3							2	4			6			
						3	5		6	2	8			
										9				
									3	7	4		5	9
									9			7	3	
							9			6	1	2	4	
						5								

NO. 254

	6		9		7	2								
7	5						9							
			6	1			4							
		5		6	8	7								
3								8						
		1	3	7		4								
	4			9	6		8		4		6			9
	2					5	1	9	7			4		
		3	5		2		7		1					
												1	8	4
						4	6			8			9	3
						8	3	1						
											5		7	
								8			4		2	1
						2	5		9		7		4	

NO. 255

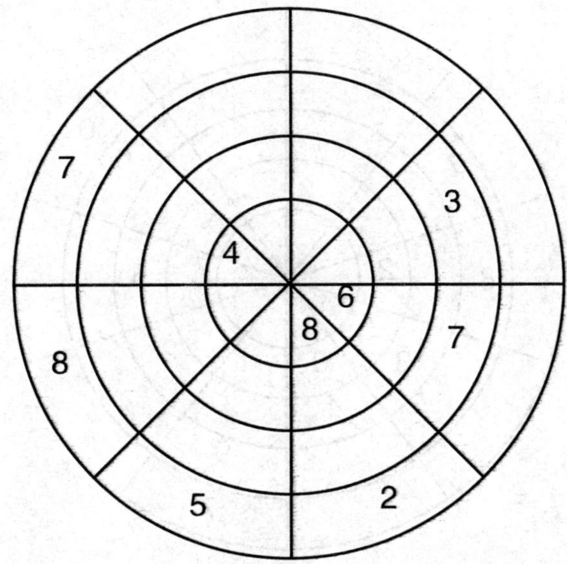

NO. 256

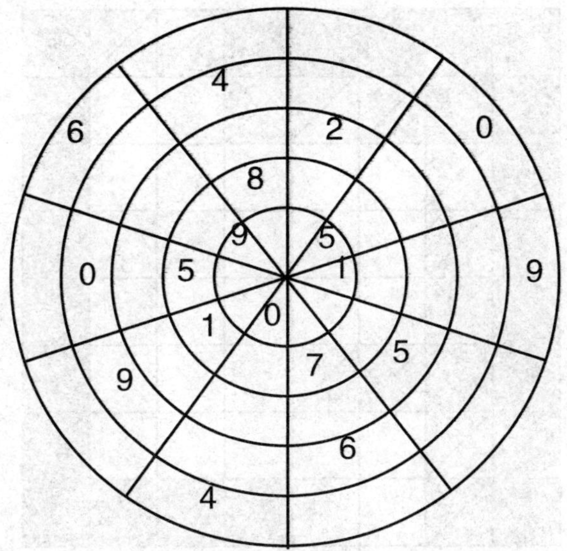

NO. 257

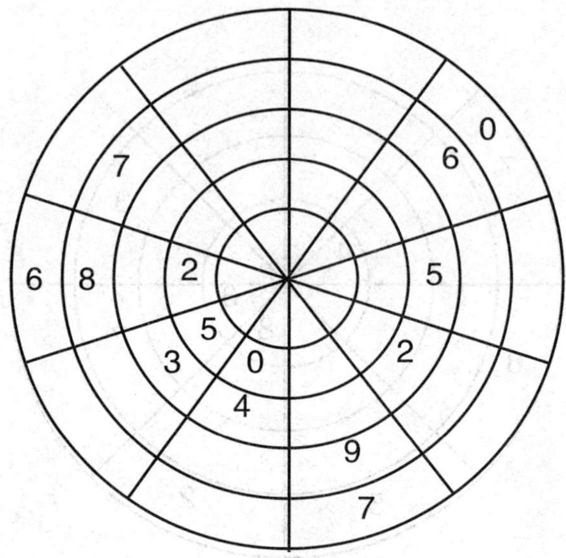

NO. 258

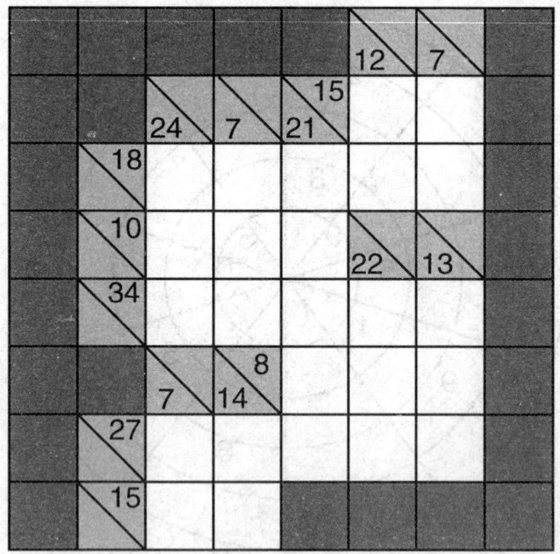

NO. 259

NO. 260

NO. 261

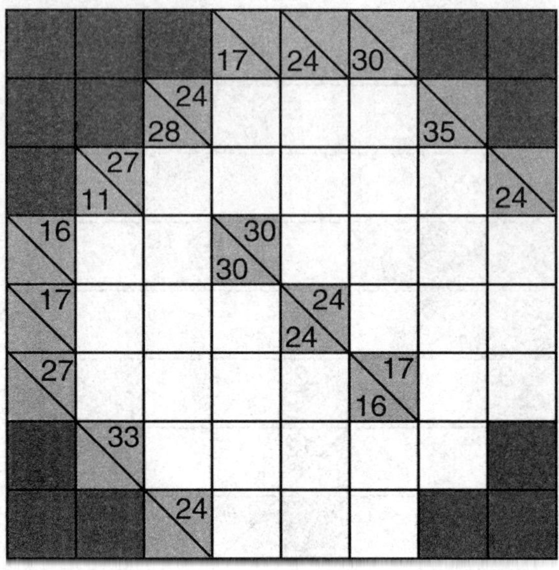

NO. 262

NO. 263

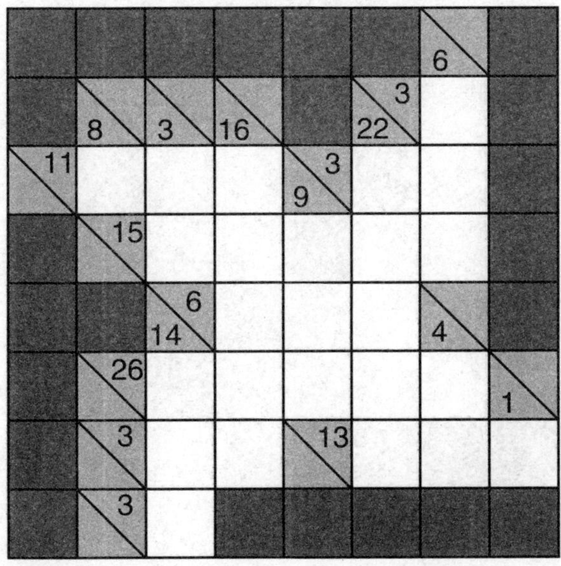

NO. 264

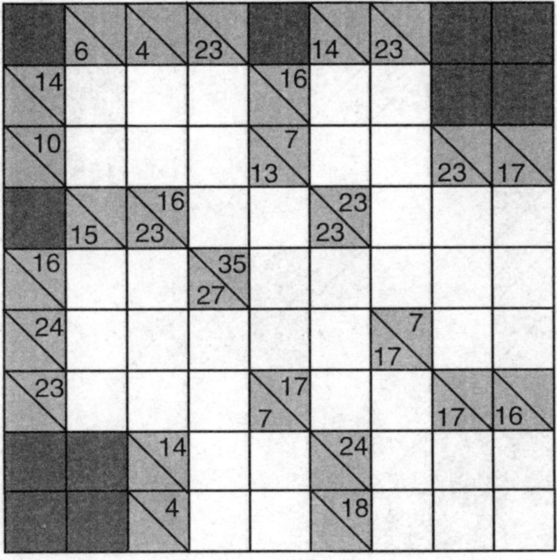

NO. 265

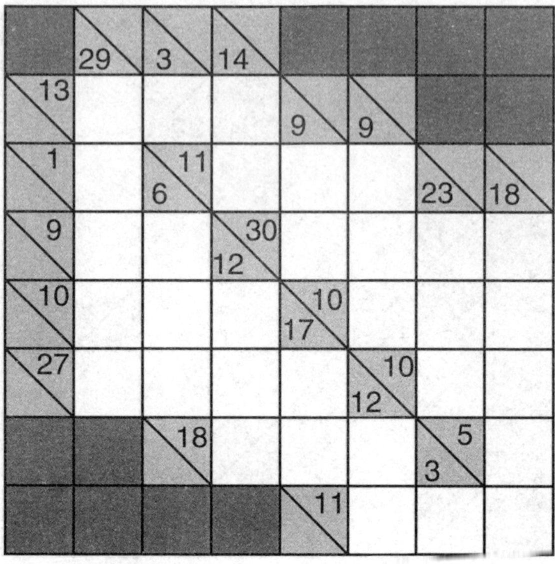

NO. 266

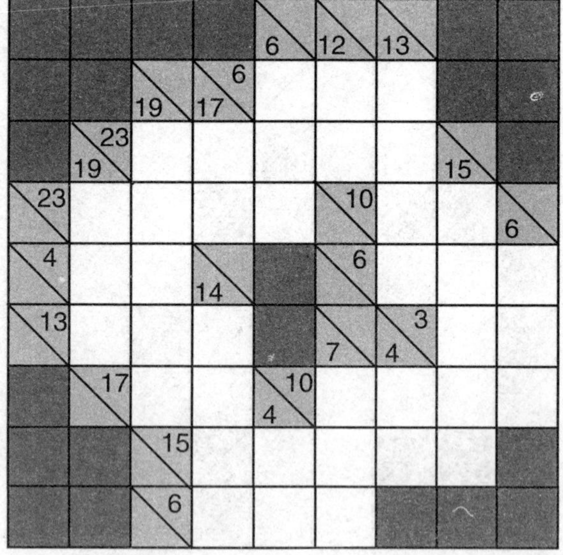

NO. 267

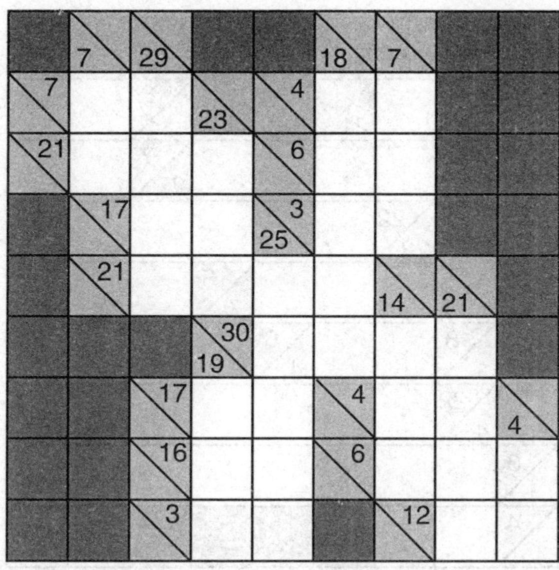

NO. 268

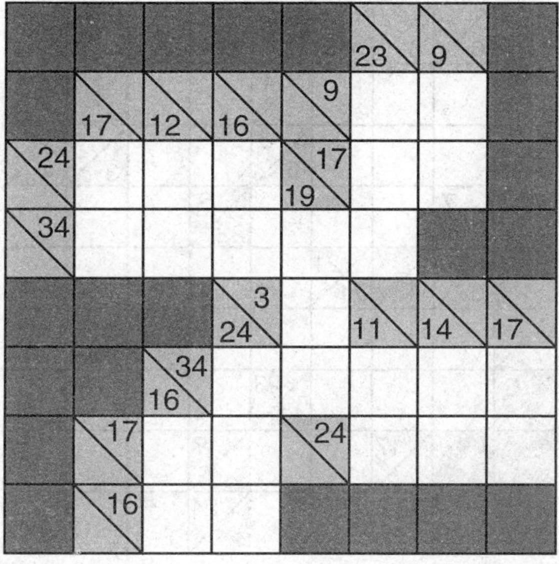

NO. 268

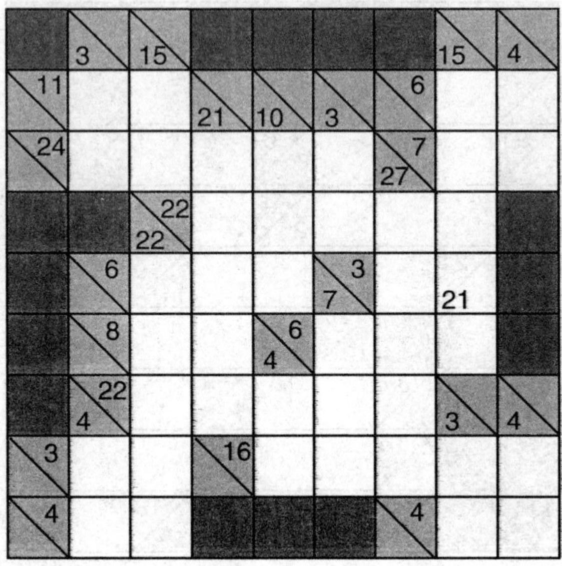

NO. 270

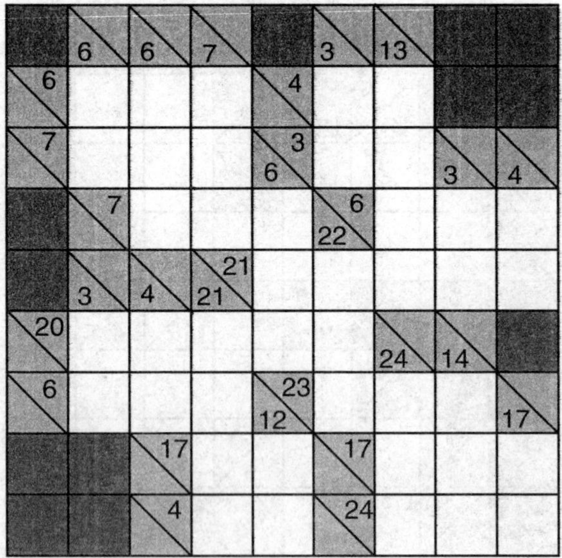

NO. 271

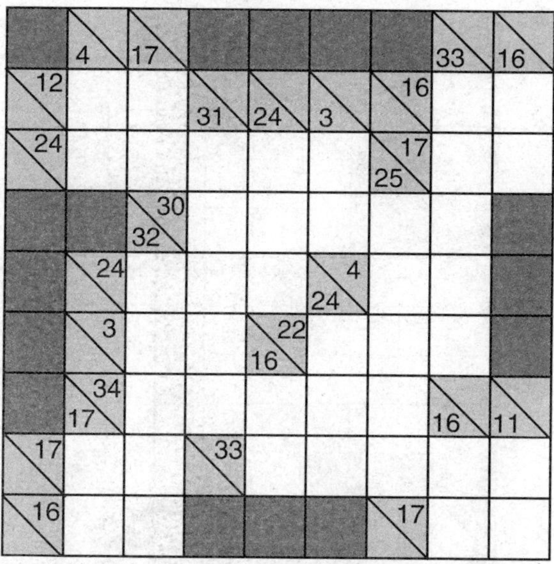

NO. 272

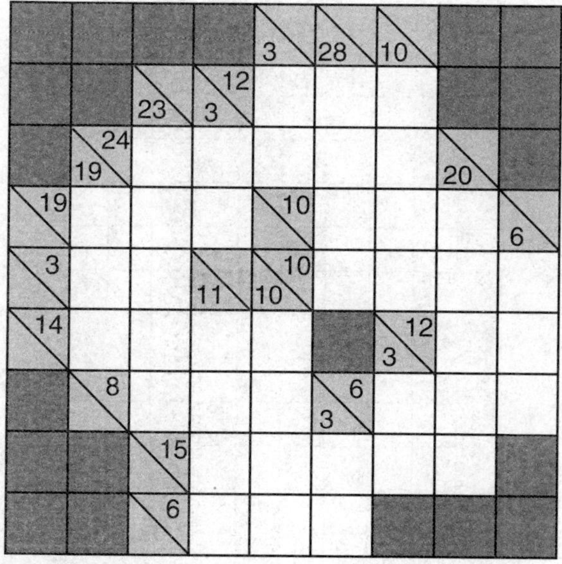

NO. 273

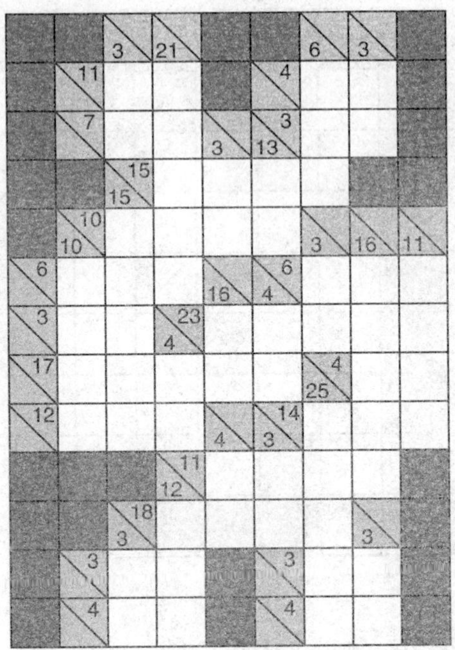

NO. 274

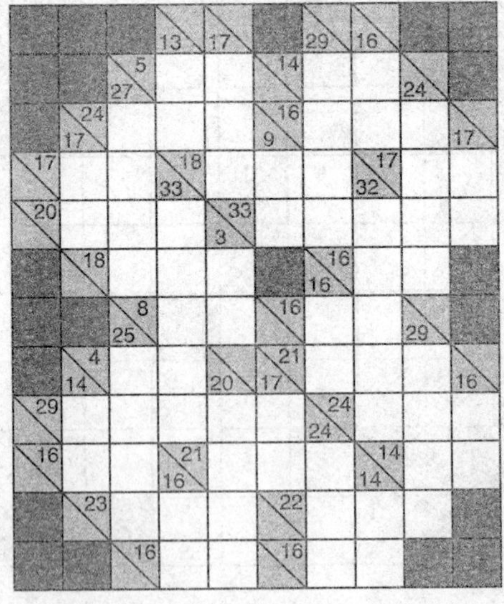

NO. 275

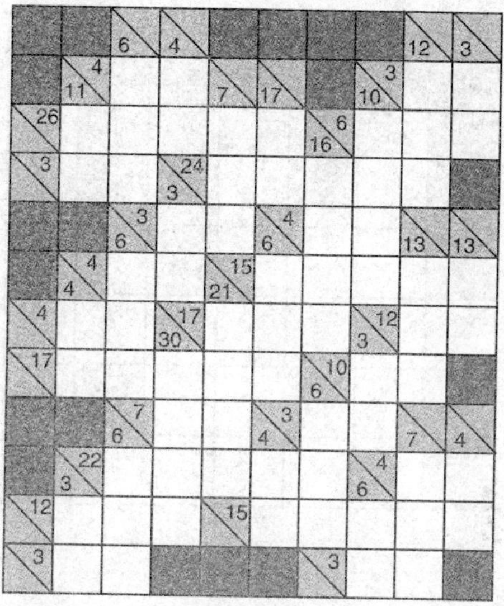

NO. 276

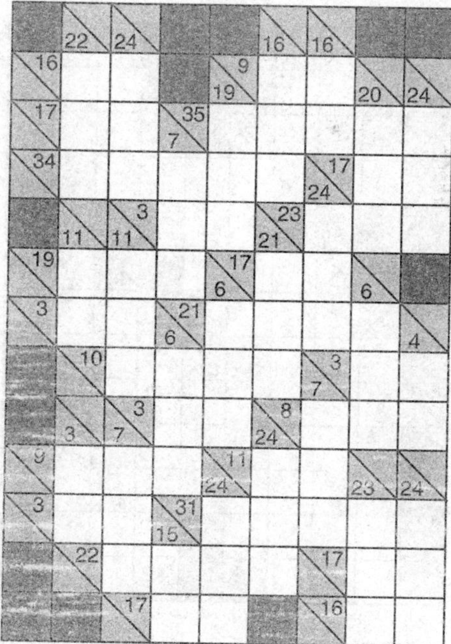

NO. 277

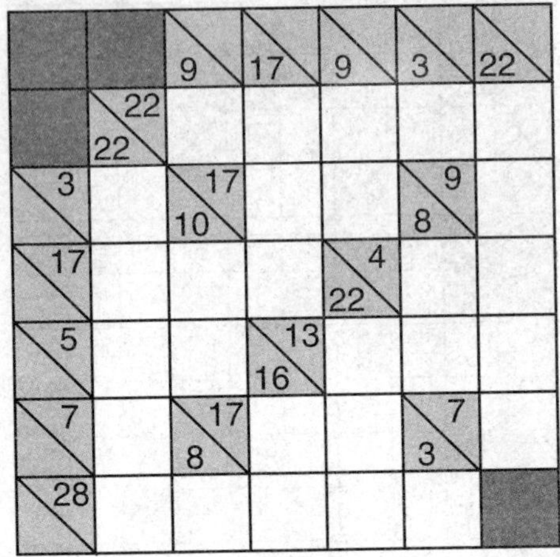

NO. 278

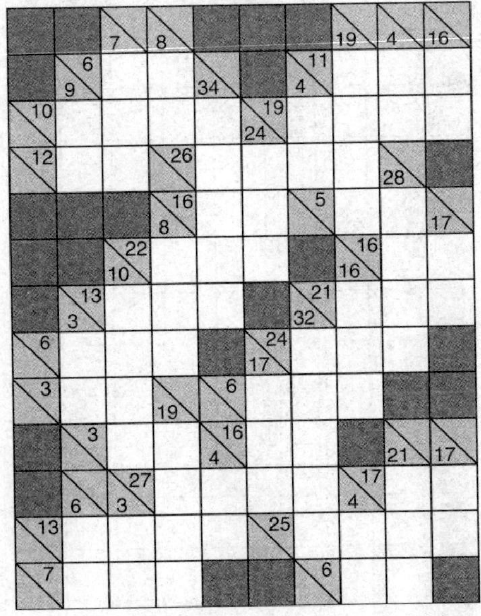

NO. 279

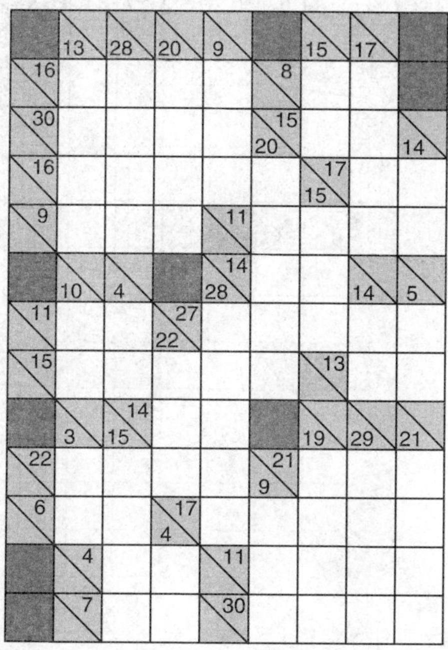

NO. 280

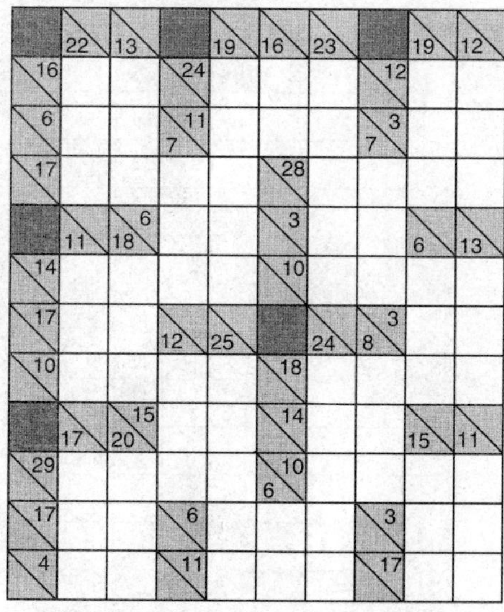

NO. 281

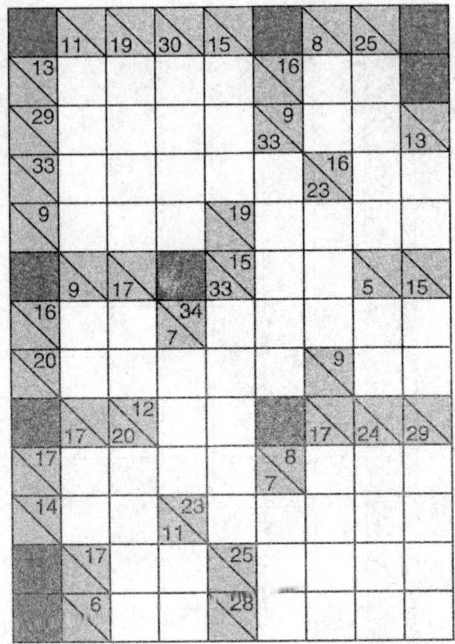

NO. 282

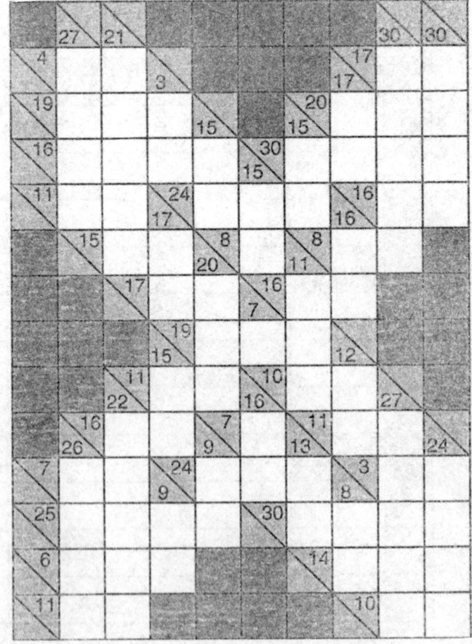

NO. 283

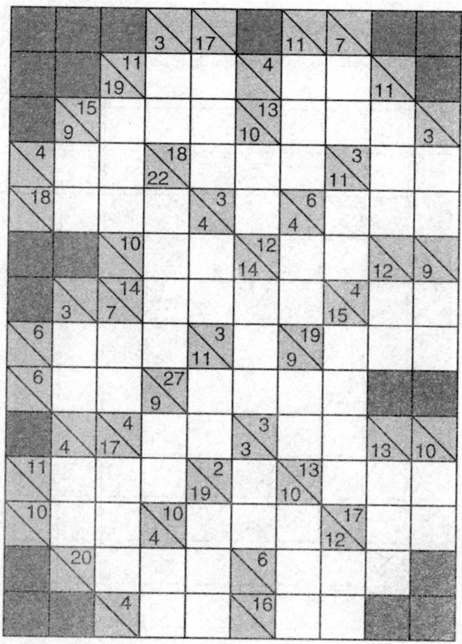

NO. 284

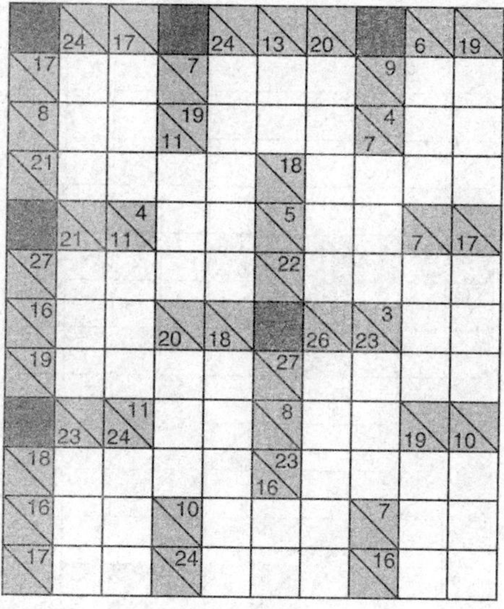

NO. 285

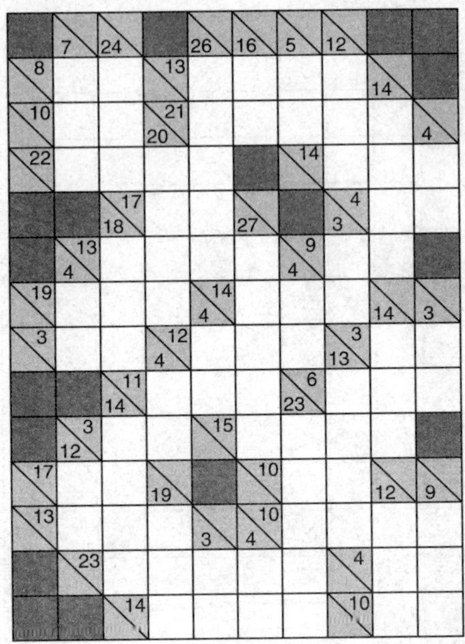

NO. 286

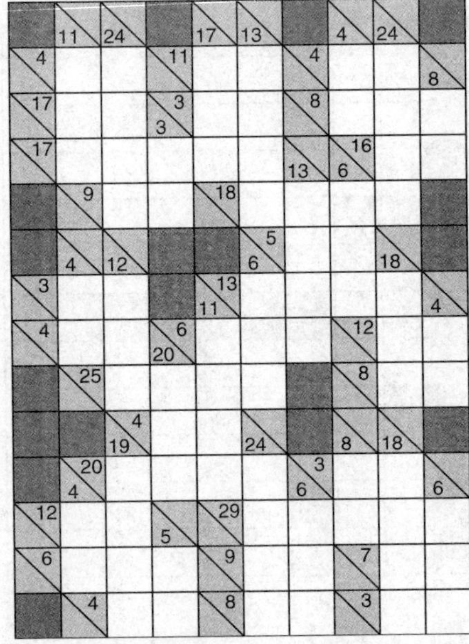

NO. 287

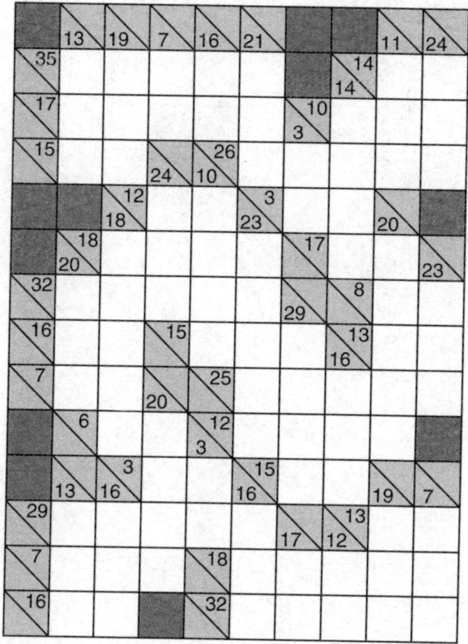

NO. 288

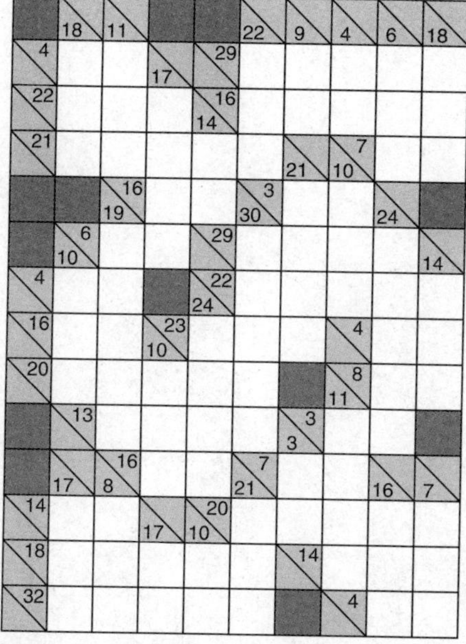

答案

○初级篇

NO. 001

4	1	6	8	3	5	9	7	2
9	7	3	2	1	6	8	5	4
2	8	5	4	7	9	3	1	6
1	5	2	9	4	3	7	6	8
6	3	7	5	8	1	2	4	9
8	9	4	6	2	7	1	3	5
3	6	8	7	5	2	4	9	1
5	4	1	3	9	8	6	2	7
7	2	9	1	6	4	5	8	3

NO. 002

5	3	2	4	8	1	7	9	6
1	7	4	6	9	3	8	2	5
9	6	8	2	7	5	1	4	3
3	1	6	7	2	8	4	5	9
2	9	7	5	6	4	3	8	1
4	8	5	3	1	9	6	7	2
6	4	3	9	5	7	2	1	8
7	5	1	8	3	2	9	6	4
8	2	9	1	4	6	5	3	7

NO. 003

5	1	8	3	2	9	7	4	6
6	9	3	4	8	7	5	2	1
2	7	4	5	6	1	8	9	3
1	8	7	9	5	3	4	6	2
4	3	5	6	1	2	9	8	7
9	6	2	8	7	4	1	3	5
3	4	1	7	9	6	2	5	8
8	2	9	1	3	5	6	7	4
7	5	6	2	4	8	3	1	9

NO. 004

6	3	2	4	5	9	7	8	1
8	4	5	3	7	1	6	2	9
7	9	1	8	2	6	5	3	4
5	7	4	2	3	8	1	9	6
1	6	8	7	9	5	2	4	3
3	2	9	6	1	4	8	5	7
9	1	3	5	6	2	4	7	8
4	5	6	9	8	7	3	1	2
2	8	7	1	4	3	9	6	5

NO. 005

6	2	7	4	5	1	3	9	8
9	5	3	6	8	7	2	4	1
8	4	1	2	9	3	7	6	5
4	8	5	7	2	6	1	3	9
3	9	2	8	1	5	4	7	6
1	7	6	9	3	4	5	8	2
5	3	4	1	6	8	9	2	7
2	1	8	3	7	9	6	5	4
7	6	9	5	4	2	8	1	3

NO. 006

1	9	8	2	5	7	6	4	3
6	7	3	4	9	8	2	5	1
2	5	4	6	3	1	8	9	7
9	1	2	3	8	6	4	7	5
4	8	7	1	2	5	9	3	6
3	6	5	7	4	9	1	2	8
7	4	1	5	6	2	3	8	9
8	2	6	9	7	3	5	1	4
5	3	9	8	1	4	7	6	2

NO. 007

3	5	8	9	1	2	6	4	7
6	1	7	4	5	8	2	3	9
9	4	2	7	3	6	8	5	1
7	8	1	2	4	3	5	9	6
5	9	3	1	6	7	4	8	2
2	6	4	8	9	5	7	1	3
8	2	9	5	7	1	3	6	4
4	3	5	6	2	9	1	7	8
1	7	6	3	8	4	9	2	5

NO. 008

8	4	2	9	7	1	3	6	5
9	6	7	2	5	3	4	1	8
3	5	1	6	4	8	2	9	7
7	9	4	8	1	6	5	2	3
5	3	6	4	9	2	8	7	1
1	2	8	5	3	7	6	4	9
6	8	9	7	2	5	1	3	4
2	7	3	1	8	4	9	5	6
4	1	5	3	6	9	7	8	2

NO. 009

8	7	1	6	9	4	5	2	3
3	6	9	8	2	5	7	1	4
2	5	4	3	1	7	8	9	6
1	8	5	4	7	2	3	6	9
9	4	7	5	3	6	2	8	1
6	2	3	1	8	9	4	7	5
7	3	8	9	5	1	6	4	2
4	1	2	7	6	3	9	5	8
5	9	6	2	4	8	1	3	7

NO. 010

5	2	1	8	7	4	9	3	6
8	9	4	6	2	3	7	5	1
3	6	7	5	9	1	2	4	8
9	5	6	1	4	7	8	2	3
2	7	3	9	5	8	6	1	4
4	1	8	2	3	6	5	9	7
6	3	5	4	8	2	1	7	9
7	8	2	3	1	9	4	6	5
1	4	9	7	6	5	3	8	2

NO. 011

5	2	3	6	8	1	9	7	4
6	1	7	3	9	4	2	8	5
8	4	9	5	2	7	6	3	1
2	8	4	9	3	6	1	5	7
9	7	1	4	5	2	3	6	8
3	6	5	1	7	8	4	9	2
7	3	2	8	1	9	5	4	6
4	5	8	2	6	3	7	1	9
1	9	6	7	4	5	8	2	3

NO. 012

9	1	2	7	8	4	3	5	6
6	8	7	3	5	9	4	1	2
5	4	3	2	6	1	9	7	8
7	3	4	1	2	6	8	9	5
8	5	6	9	4	7	1	2	3
1	2	9	5	3	8	6	4	7
2	9	1	8	7	3	5	6	4
3	6	5	4	1	2	7	8	9
4	7	8	6	9	5	2	3	1

NO. 013

2	7	3	9	1	6	4	5	8
1	9	5	4	8	7	3	2	6
8	4	6	2	5	3	7	9	1
3	1	4	5	7	8	9	6	2
9	2	8	6	4	1	5	7	3
6	5	7	3	2	9	8	1	4
7	3	9	8	6	2	1	4	5
4	8	2	1	9	5	6	3	7
5	6	1	7	3	4	2	8	9

NO. 014

1	6	2	9	8	7	4	3	5
4	9	7	2	5	3	1	6	8
5	8	3	4	1	6	7	2	9
6	7	5	1	3	4	8	9	2
9	4	1	8	2	5	6	7	3
3	2	8	6	7	9	5	4	1
7	3	4	5	9	1	2	8	6
2	5	9	7	6	8	3	1	4
8	1	6	3	4	2	9	5	7

NO. 015

3	4	9	6	5	1	2	8	7
8	1	6	7	3	2	4	5	9
5	7	2	4	8	9	1	6	3
6	3	4	1	9	5	8	7	2
7	8	5	2	6	4	9	3	1
9	2	1	3	7	8	5	4	6
2	5	3	9	4	7	6	1	8
1	6	8	5	2	3	7	9	4
4	9	7	8	1	6	3	2	5

NO. 016

8	3	4	6	9	5	7	1	2
1	6	9	2	8	7	5	3	4
2	5	7	3	4	1	8	9	6
3	2	8	1	5	4	6	7	9
4	9	5	7	2	6	1	8	3
6	7	1	8	3	9	4	2	5
5	4	2	9	1	8	3	6	7
7	8	3	5	6	2	9	4	1
9	1	6	4	7	3	2	5	8

NO. 017

9	7	4	6	3	1	8	2	5
8	6	3	2	7	5	1	9	4
1	2	5	9	4	8	7	6	3
6	5	2	1	8	9	4	3	7
3	9	1	4	5	7	6	8	2
7	4	8	3	6	2	9	5	1
5	3	7	8	9	4	2	1	6
2	8	6	7	1	3	5	4	9
4	1	9	5	2	6	3	7	8

NO. 018

9	5	2	6	1	8	7	3	4
4	8	3	7	2	9	5	6	1
6	7	1	5	4	3	8	2	9
8	4	9	3	6	5	1	7	2
2	3	5	1	8	7	4	9	6
1	6	7	4	9	2	3	5	8
3	1	6	9	5	4	2	8	7
5	9	8	2	7	1	6	4	3
7	2	4	8	3	6	9	1	5

NO. 019

3	7	4	9	5	1	6	8	2
5	2	1	8	4	6	3	9	7
8	9	6	2	7	3	1	4	5
9	5	2	4	1	8	7	3	6
4	3	7	6	9	2	8	5	1
6	1	8	7	3	5	4	2	9
2	6	5	1	8	4	9	7	3
1	8	9	3	2	7	5	6	4
7	4	3	5	6	9	2	1	8

NO. 020

2	8	5	1	7	4	9	6	3
6	1	7	3	5	9	2	4	8
4	9	3	8	2	6	1	7	5
8	4	6	5	3	2	7	9	1
1	5	9	6	8	7	4	3	2
3	7	2	9	4	1	8	5	6
7	6	4	2	1	3	5	8	9
5	3	1	4	9	8	6	2	7
9	2	8	7	6	5	3	1	4

NO. 021

9	6	2	7	3	8	1	4	5
3	4	7	2	5	1	6	8	9
5	1	8	4	9	6	7	2	3
4	7	9	6	1	2	3	5	8
6	3	5	9	8	4	2	1	7
8	2	1	5	7	3	4	9	6
2	8	3	1	6	9	5	7	4
7	9	4	3	2	5	8	6	1
1	5	6	8	4	7	9	3	2

NO. 022

3	4	6	7	1	2	9	5	8
5	9	8	4	3	6	2	7	1
7	1	2	9	5	8	3	6	4
4	3	9	8	6	1	7	2	5
1	6	5	2	7	4	8	9	3
8	2	7	3	9	5	1	4	6
2	5	1	6	8	7	4	3	9
9	8	4	5	2	3	6	1	7
6	7	3	1	4	9	5	8	2

NO. 023

8	3	9	6	5	7	2	1	4
6	7	2	9	4	1	5	8	3
1	5	4	8	3	2	9	6	7
5	4	1	2	8	3	7	9	6
2	8	7	4	9	6	3	5	1
9	6	3	7	1	5	4	2	8
7	1	8	3	2	9	6	4	5
3	2	5	1	6	4	8	7	9
4	9	6	5	7	8	1	3	2

NO. 024

7	6	1	9	3	4	8	2	5
3	5	4	6	2	8	1	9	7
9	2	8	1	5	7	6	3	4
2	1	9	5	4	6	3	7	8
4	8	3	2	7	9	5	1	6
5	7	6	3	8	1	9	4	2
1	9	5	7	6	2	4	8	3
8	3	2	4	9	5	7	6	1
6	4	7	8	1	3	2	5	9

NO. 025

4	8	3	2	7	1	6	9	5
9	7	6	4	8	5	3	2	1
5	2	1	3	9	6	4	7	8
2	9	4	6	5	8	1	3	7
1	3	8	9	2	7	5	6	4
6	5	7	1	3	4	9	8	2
8	4	2	5	6	3	7	1	9
3	1	9	7	4	2	8	5	6
7	6	5	8	1	9	2	4	3

NO. 026

4	8	9	3	5	1	6	2	7
5	7	6	4	2	8	1	3	9
3	1	2	7	6	9	5	8	4
8	9	3	2	7	6	4	5	1
7	6	4	5	1	3	8	9	2
2	5	1	8	9	4	3	7	6
6	3	5	9	4	7	2	1	8
9	4	8	1	3	2	7	6	5
1	2	7	6	8	5	9	4	3

NO. 027

1	8	7	4	5	9	6	3	2
9	6	2	1	8	3	5	7	4
3	5	4	2	6	7	9	1	8
4	7	6	5	9	8	1	2	3
5	2	3	7	1	4	8	9	6
8	1	9	3	2	6	4	5	7
7	3	8	9	4	5	2	6	1
2	4	5	6	3	1	7	8	9
6	9	1	8	7	2	3	4	5

NO. 028

9	5	2	6	8	4	7	1	3
7	4	3	9	1	5	2	6	8
1	6	8	3	7	2	9	4	5
5	8	6	4	9	7	1	3	2
2	3	1	5	6	8	4	7	9
4	7	9	1	2	3	8	5	6
6	1	7	8	5	9	3	2	4
3	9	5	2	4	1	6	8	7
8	2	4	7	3	6	5	9	1

NO. 029

6	7	8	9	4	2	3	1	5
1	9	3	5	8	6	4	7	2
5	4	2	1	7	3	6	9	8
7	5	1	2	3	9	8	6	4
3	6	9	8	5	4	7	2	1
8	2	4	7	6	1	5	3	9
2	8	5	3	1	7	9	4	6
9	3	6	4	2	8	1	5	7
4	1	7	6	9	5	2	8	3

NO. 030

4	7	3	8	6	2	9	5	1
2	8	6	5	9	1	4	7	3
5	9	1	3	4	7	8	2	6
8	6	2	7	3	5	1	4	9
3	1	5	9	8	4	7	6	2
7	4	9	2	1	6	5	3	8
1	5	4	6	2	8	3	9	7
6	3	7	1	5	9	2	8	4
9	2	8	4	7	3	6	1	5

NO. 031

2	4	9	7	3	8	1	6	5
8	3	1	6	5	2	4	7	9
6	5	7	4	1	9	3	2	8
3	9	8	1	4	7	2	5	6
7	2	4	9	6	5	8	3	1
1	6	5	2	8	3	9	4	7
9	1	2	5	7	4	6	8	3
5	8	6	3	2	1	7	9	4
4	7	3	8	9	6	5	1	2

NO. 032

4	5	6	3	9	1	7	8	2
7	1	2	6	4	8	9	3	5
9	8	3	7	2	5	4	6	1
8	4	9	1	7	2	3	5	6
6	2	5	8	3	4	1	9	7
1	3	7	5	6	9	8	2	4
5	9	8	4	1	6	2	7	3
3	6	1	2	8	7	5	4	9
2	7	4	9	5	3	6	1	8

NO. 033

8	9	4	1	2	6	3	7	5
3	6	7	9	5	4	2	8	1
2	5	1	8	7	3	6	9	4
5	2	6	4	8	7	9	1	3
4	1	3	6	9	2	7	5	8
9	7	8	3	1	5	4	6	2
6	8	5	2	3	9	1	4	7
1	4	2	7	6	8	5	3	9
7	3	9	5	4	1	8	2	6

NO. 034

7	6	2	5	3	9	8	1	4
1	9	4	8	7	2	3	5	6
8	3	5	4	1	6	2	9	7
3	5	6	2	4	1	7	8	9
4	7	9	6	8	5	1	3	2
2	8	1	7	9	3	4	6	5
6	4	8	1	5	7	9	2	3
5	1	3	9	2	4	6	7	8
9	2	7	3	6	8	5	4	1

NO. 035

7	6	5	2	1	8	9	3	4
8	9	2	3	6	4	1	5	7
4	3	1	9	7	5	2	6	8
5	1	8	6	3	9	4	7	2
2	4	6	5	8	7	3	1	9
9	7	3	1	4	2	5	8	6
1	8	7	4	2	3	6	9	5
6	5	4	8	9	1	7	2	3
3	2	9	7	5	6	8	4	1

NO. 036

8	2	5	7	3	4	1	9	6
6	3	4	1	9	8	7	5	2
9	7	1	6	2	5	3	8	4
2	8	7	9	5	6	4	3	1
1	9	3	8	4	7	2	6	5
5	4	6	2	1	3	8	7	9
4	5	8	3	6	1	9	2	7
7	1	9	5	8	2	6	4	3
3	6	2	4	7	9	5	1	8

NO. 037

7	6	1	9	3	4	8	2	5
3	5	4	6	2	8	1	9	7
9	2	8	1	5	7	6	3	4
2	1	9	5	4	6	3	7	8
4	8	3	2	7	9	5	1	6
5	7	6	3	8	1	9	4	2
1	9	5	7	6	2	4	8	3
8	3	2	4	9	5	7	6	1
6	4	7	8	1	3	2	5	9

NO. 038

3	8	5	7	6	4	2	1	9
7	9	4	5	1	2	6	8	3
2	1	6	3	9	8	7	5	4
5	7	3	4	8	9	1	2	6
9	4	1	2	7	6	5	3	8
8	6	2	1	5	3	9	4	7
6	3	8	9	2	5	4	7	1
1	5	9	8	4	7	3	6	2
4	2	7	6	3	1	8	9	5

NO. 039

5	3	1	4	9	8	2	7	6
4	7	9	1	6	2	3	5	8
2	6	8	7	5	3	4	1	9
3	5	7	6	1	4	8	9	2
6	8	2	5	3	9	7	4	1
1	9	4	2	8	7	6	3	5
8	2	3	9	4	5	1	6	7
7	1	5	3	2	6	9	8	4
9	4	6	8	7	1	5	2	3

NO. 040

4	6	7	2	3	8	9	5	1
2	1	3	5	9	7	4	8	6
5	8	9	1	6	4	2	7	3
8	4	2	9	1	6	7	3	5
6	3	1	4	7	5	8	2	9
7	9	5	3	8	2	1	6	4
3	5	4	8	2	9	6	1	7
1	7	8	6	4	3	5	9	2
9	2	6	7	5	1	3	4	8

NO. 041

8	5	4	1	2	3	7	9	6
3	7	1	4	9	6	2	8	5
6	2	9	5	7	8	4	1	3
7	8	2	3	5	9	6	4	1
9	1	3	8	6	4	5	2	7
5	4	6	7	1	2	9	3	8
2	6	7	9	3	1	8	5	4
4	3	5	2	8	7	1	6	9
1	9	8	6	4	5	3	7	2

NO. 042

3	4	9	5	6	8	1	7	2
8	2	6	7	1	4	3	5	9
5	1	7	2	3	9	4	8	6
2	5	8	4	7	1	6	9	3
4	7	3	9	2	6	8	1	5
6	9	1	3	8	5	7	2	4
7	6	4	1	5	2	9	3	8
1	8	5	6	9	3	2	4	7
9	3	2	8	4	7	5	6	1

NO. 043

1	4	9	8	3	6	7	5	2
5	7	6	2	4	1	9	3	8
2	3	8	5	7	9	1	6	4
7	2	4	3	6	8	5	9	1
6	8	3	9	1	5	4	2	7
9	5	1	4	2	7	3	8	6
3	6	2	7	9	4	8	1	5
4	1	5	6	8	3	2	7	9
8	9	7	1	5	2	6	4	3

NO. 044

8	5	1	3	6	7	2	4	9
9	4	2	1	8	5	3	6	7
6	7	3	4	9	2	1	5	8
2	1	9	8	4	6	5	7	3
7	6	8	9	5	3	4	2	1
4	3	5	2	7	1	9	8	6
1	8	7	5	3	4	6	9	2
3	9	4	6	2	8	7	1	5
5	2	6	7	1	9	8	3	4

NO. 045

3	4	1	9	6	5	7	8	2
2	5	9	7	3	8	1	6	4
7	8	6	4	1	2	3	9	5
9	1	8	5	2	3	4	7	6
4	2	5	6	7	1	8	3	9
6	7	3	8	4	9	5	2	1
5	6	7	3	9	4	2	1	8
1	3	4	2	8	6	9	5	7
8	9	2	1	5	7	6	4	3

NO. 046

5	8	2	4	9	1	7	6	3
7	6	9	5	2	3	1	4	8
3	1	4	8	7	6	5	2	9
1	3	8	6	5	4	2	9	7
6	9	7	1	3	2	4	8	5
2	4	5	7	8	9	6	3	1
9	5	1	2	6	8	3	7	4
8	7	6	3	4	5	9	1	2
4	2	3	9	1	7	8	5	6

NO. 047

7	2	4	1	5	6	3	9	8
9	8	3	4	2	7	1	5	6
1	6	5	9	8	3	7	4	2
4	7	2	8	3	1	9	6	5
8	1	6	5	4	9	2	7	3
3	5	9	7	6	2	8	1	4
6	3	1	2	7	4	5	8	9
5	4	7	3	9	8	6	2	1
2	9	8	6	1	5	4	3	7

NO. 048

6	2	9	5	3	8	1	7	4
7	5	8	4	1	6	9	2	3
4	3	1	2	9	7	5	6	8
9	4	6	1	8	2	3	5	7
1	8	3	7	5	4	6	9	2
2	7	5	9	6	3	8	4	1
8	6	7	3	4	9	2	1	5
5	9	2	8	7	1	4	3	6
3	1	4	6	2	5	7	8	9

NO. 049

6	4	7	9	2	1	3	8	5
1	8	9	3	5	7	2	4	6
2	5	3	4	8	6	7	1	9
9	6	4	7	1	8	5	3	2
5	3	1	6	9	2	4	7	8
7	2	8	5	3	4	6	9	1
8	1	5	2	4	3	9	6	7
3	7	2	8	6	9	1	5	4
4	9	6	1	7	5	8	2	3

NO. 050

3	1	6	4	7	9	5	2	8
5	7	2	1	8	3	6	9	4
4	9	8	2	5	6	7	1	3
2	5	1	9	6	4	3	8	7
9	4	7	3	2	8	1	5	6
8	6	3	7	1	5	9	4	2
7	3	5	8	4	1	2	6	9
6	2	4	5	9	7	8	3	1
1	8	9	6	3	2	4	7	5

NO. 051

8	9	6	7	2	1	3	4	5
1	2	4	9	5	3	6	8	7
5	7	3	8	4	6	1	9	2
6	3	8	2	1	5	4	7	9
4	1	2	6	9	7	8	5	3
9	5	7	4	3	8	2	1	6
3	8	9	1	7	2	5	6	4
2	4	1	5	6	9	7	3	8
7	6	5	3	8	4	9	2	1

NO. 052

4	7	1	2	6	5	3	8	9
2	6	5	9	8	3	4	1	7
8	3	9	7	1	4	6	5	2
6	9	3	1	4	8	2	7	5
7	8	4	3	5	2	9	6	1
5	1	2	6	9	7	8	3	4
3	4	8	5	7	9	1	2	6
9	5	6	8	2	1	7	4	3
1	2	7	4	3	6	5	9	8

NO. 053

7	1	4	9	6	8	2	3	5
8	3	9	7	2	5	1	6	4
5	6	2	4	1	3	9	8	7
6	7	1	5	3	9	4	2	8
4	2	3	8	7	1	5	9	6
9	8	5	2	4	6	7	1	3
2	9	7	6	8	4	3	5	1
3	5	6	1	9	7	8	4	2
1	4	8	3	5	2	6	7	9

NO. 054

2	1	6	5	4	7	3	9	8
5	8	7	2	9	3	4	6	1
4	9	3	8	1	6	7	5	2
8	2	4	1	6	9	5	7	3
9	3	5	7	2	8	1	4	6
6	7	1	4	3	5	8	2	9
1	6	2	3	5	4	9	8	7
3	5	8	9	7	2	6	1	4
7	4	9	6	8	1	2	3	5

NO. 055

7	6	4	1	5	9	3	8	2
5	1	9	2	3	8	7	4	6
8	2	3	6	7	4	9	5	1
4	5	7	9	8	2	6	1	3
9	3	6	7	1	5	4	2	8
2	8	1	4	6	3	5	9	7
1	4	2	3	9	7	8	6	5
6	7	5	8	4	1	2	3	9
3	9	8	5	2	6	1	7	4

NO. 056

3	8	1	5	9	4	2	6	7
6	9	7	2	8	3	4	5	1
2	4	5	1	7	6	8	3	9
7	5	3	8	6	2	9	1	4
1	6	9	7	4	5	3	2	8
8	2	4	3	1	9	6	7	5
9	1	8	6	2	7	5	4	3
4	3	6	9	5	1	7	8	2
5	7	2	4	3	8	1	9	6

NO. 057

3	9	5	2	1	6	7	4	8
8	4	7	9	3	5	1	6	2
1	6	2	8	4	7	9	3	5
4	3	9	1	5	8	2	7	6
6	2	8	3	7	9	4	5	1
7	5	1	6	2	4	3	8	9
9	7	3	5	6	2	8	1	4
5	8	4	7	9	1	6	2	3
2	1	6	4	8	3	5	9	7

NO. 058

3	4	6	8	9	7	5	1	2
8	5	2	3	4	1	9	7	6
9	1	7	6	2	5	4	8	3
6	7	9	1	3	8	2	5	4
1	8	4	9	5	2	3	6	7
5	2	3	4	7	6	1	9	8
2	9	8	7	1	4	6	3	5
7	3	5	2	6	9	8	4	1
4	6	1	5	8	3	7	2	9

NO. 059

3	8	2	1	9	6	5	7	4
4	9	1	5	7	3	8	6	2
5	6	7	2	4	8	1	3	9
2	7	8	6	1	4	3	9	5
9	4	6	3	8	5	2	1	7
1	3	5	7	2	9	4	8	6
6	2	4	9	3	1	7	5	8
7	5	3	8	6	2	9	4	1
8	1	9	4	5	7	6	2	3

NO. 060

5	2	7	1	3	6	9	8	4
6	4	9	7	8	5	2	3	1
8	1	3	2	9	4	5	6	7
3	7	8	5	6	9	4	1	2
4	6	2	8	7	1	3	9	5
9	5	1	4	2	3	6	7	8
7	8	6	3	4	2	1	5	9
2	9	5	6	1	7	8	4	3
1	3	4	9	5	8	7	2	6

NO. 061

9	8	2	4	3	6	7	5	1
1	5	7	9	2	8	4	3	6
4	3	6	1	7	5	2	8	9
2	6	5	3	9	1	8	4	7
8	7	1	5	4	2	9	6	3
3	4	9	8	6	7	5	1	2
5	9	8	7	1	3	6	2	4
6	1	4	2	8	9	3	7	5
7	2	3	6	5	4	1	9	8

NO. 062

5	2	8	9	7	3	6	1	4
9	6	7	1	8	4	3	2	5
1	4	3	5	2	6	9	8	7
8	5	4	2	1	9	7	3	6
3	7	1	6	5	8	4	9	2
2	9	6	3	4	7	8	5	1
4	3	5	7	9	1	2	6	8
6	8	2	4	3	5	1	7	9
7	1	9	8	6	2	5	4	3

NO. 063

2	7	9	3	6	5	8	4	1
6	1	4	8	2	7	5	3	9
5	8	3	4	1	9	7	6	2
3	5	7	2	4	6	1	9	8
9	6	8	7	5	1	4	2	3
4	2	1	9	3	8	6	5	7
7	9	5	6	8	3	2	1	4
8	4	6	1	9	2	3	7	5
1	3	2	5	7	4	9	8	6

NO. 064

5	4	8	2	7	9	1	3	6
6	1	2	8	3	5	9	7	4
3	7	9	6	1	4	5	2	8
4	8	7	5	9	6	2	1	3
1	2	5	3	4	8	7	6	9
9	6	3	7	2	1	4	8	5
2	5	1	9	8	3	6	4	7
8	9	4	1	6	7	3	5	2
7	3	6	4	5	2	8	9	1

NO. 065

5	3	2	6	4	1	8	7	9
7	8	4	5	2	9	6	3	1
6	1	9	7	3	8	4	2	5
8	2	7	3	1	5	9	4	6
4	6	3	8	9	7	1	5	2
1	9	5	4	6	2	7	8	3
2	4	6	1	7	3	5	9	8
3	5	1	9	8	4	2	6	7
9	7	8	2	5	6	3	1	4

NO. 066

5	3	9	2	8	1	7	6	4
1	7	4	5	9	6	3	2	8
2	6	8	4	7	3	5	9	1
8	5	1	6	4	7	9	3	2
4	2	6	3	5	9	8	1	7
3	9	7	1	2	8	4	5	6
7	8	3	9	6	2	1	4	5
9	4	2	8	1	5	6	7	3
6	1	5	7	3	4	2	8	9

NO. 067

9	5	4	8	7	2	3	1	6
8	6	1	9	4	3	7	2	5
3	2	7	6	5	1	4	9	8
1	3	2	5	9	7	8	6	4
7	4	9	2	8	6	5	3	1
5	8	6	1	3	4	2	7	9
2	9	8	7	6	5	1	4	3
4	1	5	3	2	9	6	8	7
6	7	3	4	1	8	9	5	2

NO. 068

5	3	7	8	2	1	6	9	4
2	6	8	4	9	7	3	1	5
1	9	4	6	5	3	2	8	7
4	5	3	1	8	9	7	2	6
9	2	1	7	6	5	8	4	3
8	7	6	3	4	2	1	5	9
7	1	9	2	3	4	5	6	8
3	8	5	9	1	6	4	7	2
6	4	2	5	7	8	9	3	1

NO. 069

3	8	2	9	5	6	1	7	4
1	6	5	4	7	2	9	3	8
7	9	4	1	3	8	6	5	2
8	3	7	6	9	1	4	2	5
4	1	6	3	2	5	8	9	7
5	2	9	7	8	4	3	6	1
9	5	3	8	1	7	2	4	6
2	4	8	5	6	3	7	1	9
6	7	1	2	4	9	5	8	3

NO. 070

6	2	3	8	4	7	5	1	9
9	1	5	3	2	6	8	4	7
7	4	8	5	9	1	3	6	2
5	3	4	1	7	8	9	2	6
8	9	7	2	6	4	1	3	5
2	6	1	9	5	3	4	7	8
1	5	6	7	3	9	2	8	4
3	7	2	4	8	5	6	9	1
4	8	9	6	1	2	7	5	3

NO. 071

8	2	5	3	6	1	7	9	4
7	1	3	9	2	4	8	5	6
4	6	9	5	7	8	2	3	1
2	9	8	6	4	3	5	1	7
1	3	7	8	5	2	4	6	9
6	5	4	7	1	9	3	2	8
5	7	1	4	3	6	9	8	2
9	4	2	1	8	5	6	7	3
3	8	6	2	9	7	1	4	5

NO. 072

7	2	1	5	9	3	4	6	8
3	6	9	4	8	1	5	7	2
4	5	8	2	6	7	1	3	9
9	4	3	7	5	2	8	1	6
6	7	5	9	1	8	2	4	3
1	8	2	6	3	4	9	5	7
8	1	6	3	2	5	7	9	4
2	3	7	1	4	9	6	8	5
5	9	4	8	7	6	3	2	1

NO. 073

5	6	9	3	7	4	1	2	8
7	2	8	5	6	1	4	3	9
1	3	4	2	9	8	7	5	6
8	1	6	9	3	7	5	4	2
4	7	2	6	8	5	9	1	3
9	5	3	4	1	2	8	6	7
6	4	7	1	2	9	3	8	5
3	8	1	7	5	6	2	9	4
2	9	5	8	4	3	6	7	1

NO. 074

6	1	7	9	3	5	4	2	8
8	5	2	7	1	4	6	3	9
3	4	9	2	6	8	1	5	7
4	7	5	6	9	1	3	8	2
1	8	3	5	4	2	9	7	6
9	2	6	8	7	3	5	4	1
5	6	4	1	2	7	8	9	3
2	3	1	4	8	9	7	6	5
7	9	8	3	5	6	2	1	4

NO. 075

8	6	9	1	4	2	5	7	3
5	1	4	7	3	6	2	9	8
3	2	7	9	8	5	6	1	4
9	3	8	6	2	4	1	5	7
2	4	1	5	9	7	8	3	6
6	7	5	8	1	3	9	4	2
7	9	3	2	5	8	4	6	1
4	5	2	3	6	1	7	8	9
1	8	6	4	7	9	3	2	5

NO. 076

5	2	4	1	8	3	9	6	7
1	7	9	5	6	4	2	8	3
8	3	6	9	7	2	5	4	1
3	9	2	6	4	7	1	5	8
4	8	1	3	9	5	6	7	2
6	5	7	8	2	1	3	9	4
2	6	8	4	1	9	7	3	5
7	4	5	2	3	6	8	1	9
9	1	3	7	5	8	4	2	6

NO. 077

7	5	1	9	4	3	6	2	8
4	6	8	1	2	7	5	3	9
9	2	3	6	5	8	1	4	7
5	1	7	3	9	2	8	6	4
2	3	4	8	6	1	7	9	5
8	9	6	4	7	5	3	1	2
3	7	9	2	8	6	4	5	1
1	4	5	7	3	9	2	8	6
6	8	2	5	1	4	9	7	3

NO. 078

4	7	9	5	2	6	3	8	1
1	3	6	9	4	8	2	7	5
2	8	5	1	7	3	4	9	6
8	1	7	6	3	4	5	2	9
9	5	3	2	1	7	8	6	4
6	2	4	8	5	9	1	3	7
7	4	1	3	6	2	9	5	8
3	6	8	4	9	5	7	1	2
5	9	2	7	8	1	6	4	3

NO. 079

5	7	8	4	6	9	3	1	2
9	2	6	3	1	8	4	7	5
3	1	4	7	2	5	8	6	9
2	9	3	6	7	4	1	5	8
8	4	1	5	9	2	7	3	6
7	6	5	8	3	1	2	9	4
1	5	9	2	4	7	6	8	3
6	8	2	1	5	3	9	4	7
4	3	7	9	8	6	5	2	1

NO. 080

4	6	3	5	7	9	1	8	2
2	9	8	1	4	6	5	7	3
5	1	7	2	3	8	6	4	9
6	4	1	9	8	3	7	2	5
3	7	5	4	6	2	9	1	8
9	8	2	7	5	1	3	6	4
7	5	6	8	9	4	2	3	1
8	2	9	3	1	7	4	5	6
1	3	4	6	2	5	8	9	7

NO. 081

6	4	3	5	9	7	8	2	1
1	2	8	6	4	3	5	7	9
7	5	9	2	1	8	4	6	3
4	6	2	7	5	1	3	9	8
9	3	1	8	6	4	2	5	7
5	8	7	3	2	9	1	4	6
3	7	5	4	8	6	9	1	2
8	9	4	1	7	2	6	3	5
2	1	6	9	3	5	7	8	4

NO. 082

4	7	9	1	3	6	8	2	5
2	3	1	5	8	7	6	9	4
5	6	8	4	9	2	7	3	1
9	1	5	7	6	3	4	8	2
8	2	3	9	4	5	1	6	7
7	4	6	8	2	1	9	5	3
6	5	4	3	7	9	2	1	8
3	8	2	6	1	4	5	7	9
1	9	7	2	5	8	3	4	6

NO. 083

9	8	4	6	3	1	2	5	7
3	2	7	8	5	4	1	6	9
5	6	1	7	9	2	4	8	3
4	1	5	9	6	3	7	2	8
2	9	8	1	4	7	5	3	6
6	7	3	2	8	5	9	1	4
1	3	9	4	2	8	6	7	5
7	5	6	3	1	9	8	4	2
8	4	2	5	7	6	3	9	1

NO. 084

8	2	5	7	3	4	1	9	6
6	3	4	1	9	8	7	5	2
9	7	1	6	2	5	3	8	4
2	8	7	9	5	6	4	3	1
1	9	3	8	4	7	2	6	5
5	4	6	2	1	3	8	7	9
4	5	8	3	6	1	9	2	7
7	1	9	5	8	2	6	4	3
3	6	2	4	7	8	5	1	8

NO. 085

3	8	4	7	1	2	5	9	6
7	6	1	9	5	3	4	8	2
9	5	2	4	8	6	1	3	7
2	9	6	1	3	8	7	5	4
5	7	8	6	4	9	2	1	3
4	1	3	5	2	7	8	6	9
6	4	9	8	7	5	3	2	1
8	3	7	2	6	1	9	4	5
1	2	5	3	9	4	6	7	8

NO. 086

6	4	3	8	9	5	7	1	2
5	2	1	3	7	6	8	9	4
7	9	8	1	2	4	3	6	5
1	3	2	6	8	7	4	5	9
9	8	6	4	5	3	2	7	1
4	5	7	9	1	2	6	3	8
2	1	5	7	6	8	9	4	3
3	7	9	2	4	1	5	8	6
8	6	4	5	3	9	1	2	7

NO. 087

1	8	7	6	2	3	5	4	9
4	6	2	9	1	5	8	3	7
9	5	3	8	4	7	1	6	2
3	7	9	1	5	4	6	2	8
8	2	5	7	9	6	3	1	4
6	4	1	3	8	2	9	7	5
5	1	6	2	7	8	4	9	3
2	9	8	4	3	1	7	5	6
7	3	4	5	6	9	2	8	1

NO. 088

7	5	9	1	3	8	2	4	6
6	1	8	4	2	5	9	3	7
3	2	4	7	9	6	5	8	1
8	9	1	5	4	2	7	6	3
2	4	7	9	6	3	1	5	8
5	6	3	8	1	7	4	9	2
9	3	2	6	7	4	8	1	5
4	7	5	3	8	1	6	2	9
1	8	6	2	5	9	3	7	4

NO. 089

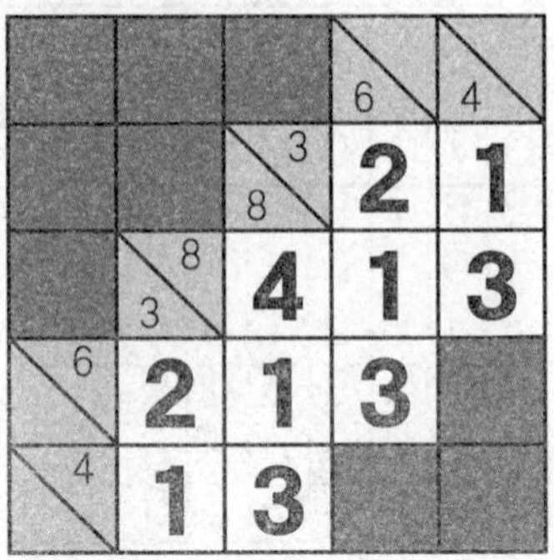

NO. 090

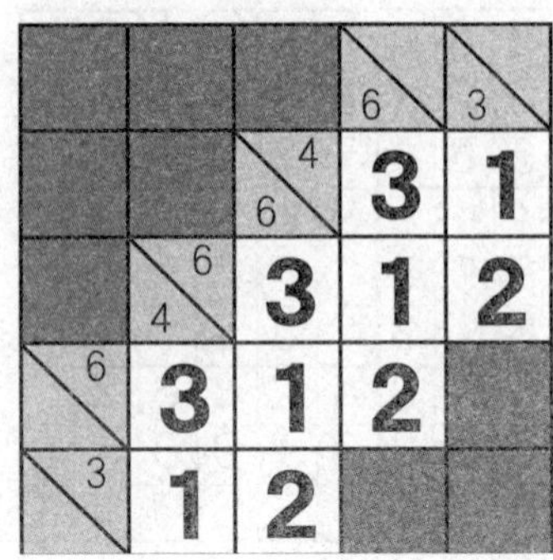

NO. 091

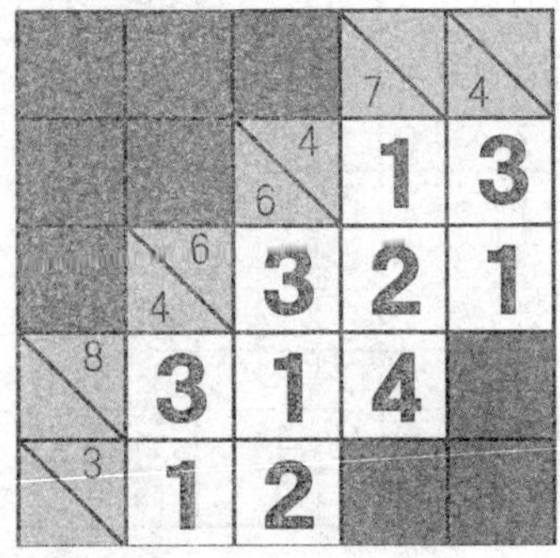

NO. 092

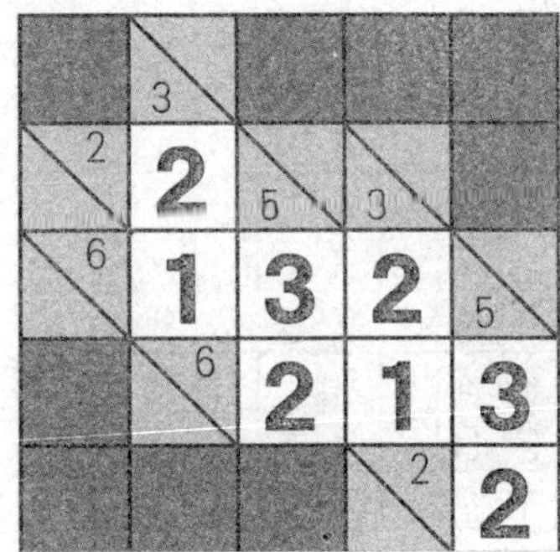

NO. 093

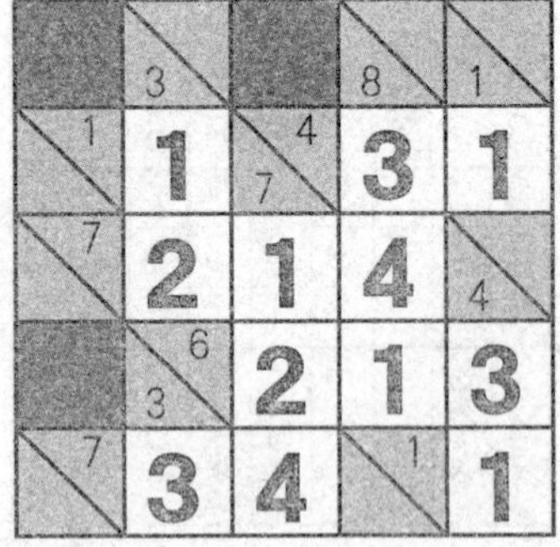

NO. 094

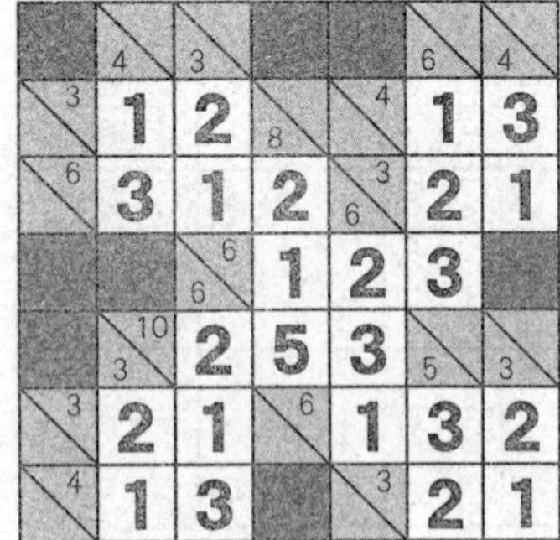

NO. 095

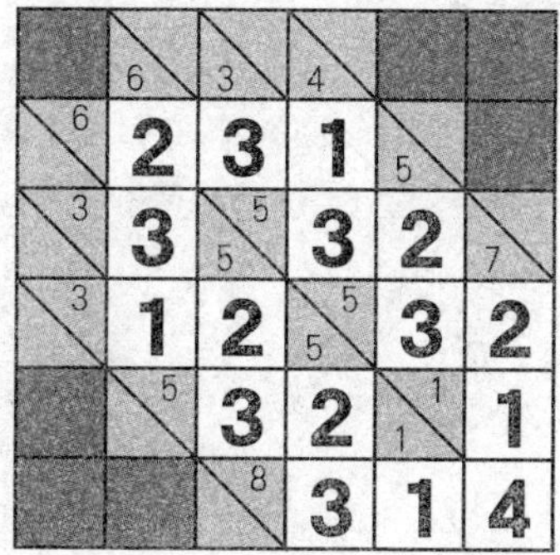

NO. 096

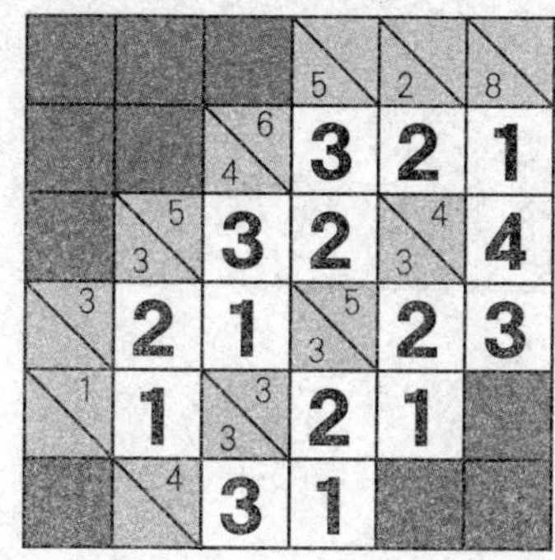

NO. 097

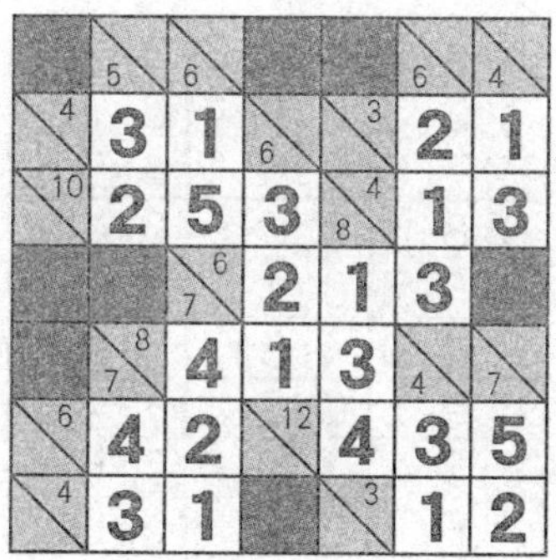

NO. 098

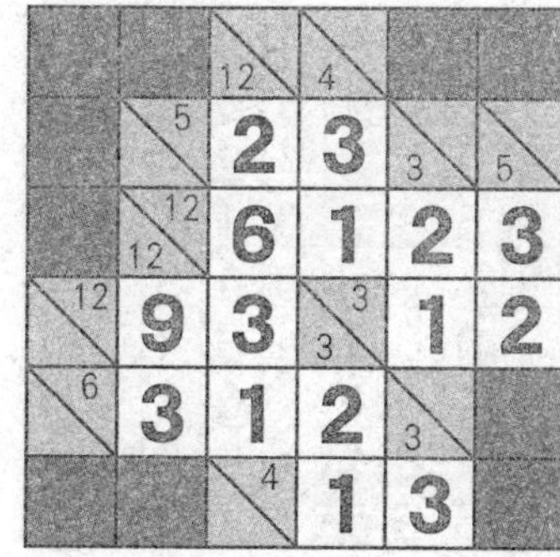

◯中级篇

NO. 099

6	1	5	9	4	8	2	7	3
3	2	7	1	6	5	8	4	9
8	9	4	3	7	2	1	5	6
4	5	3	2	9	1	7	6	8
9	7	1	6	8	4	5	3	2
2	8	6	7	5	3	4	9	1
5	4	9	8	2	6	3	1	7
7	3	8	5	1	9	6	2	4
1	6	2	4	3	7	9	8	5

NO. 100

5	4	8	7	2	6	9	3	1
1	2	3	5	9	4	6	7	8
9	7	6	3	8	1	4	5	2
3	8	4	9	6	5	2	1	7
6	5	7	8	1	2	3	4	9
2	1	9	4	3	7	5	8	6
4	9	5	6	7	8	1	2	3
8	3	2	1	5	9	7	6	4
7	6	1	2	4	3	8	9	5

NO. 101

5	7	2	9	8	4	6	3	1
3	4	6	7	1	2	9	8	5
8	1	9	6	3	5	7	4	2
4	2	8	1	7	9	5	6	3
9	6	3	2	5	8	4	1	7
1	5	7	3	4	6	8	2	9
7	9	4	8	2	1	3	5	6
2	3	5	4	6	7	1	9	8
6	8	1	5	9	3	2	7	4

NO. 102

3	2	8	6	4	1	5	7	9
9	4	7	5	2	8	1	3	6
5	1	6	9	3	7	8	2	4
2	7	3	4	1	6	9	5	8
6	8	9	3	7	5	2	4	1
1	5	4	8	9	2	3	6	7
7	3	2	1	8	4	6	9	5
4	6	1	2	5	9	7	8	3
8	9	5	7	6	3	4	1	2

NO. 103

2	1	8	6	4	7	9	3	5
5	3	4	9	8	1	2	6	7
9	7	6	3	5	2	4	8	1
1	4	7	5	9	8	3	2	6
3	6	2	1	7	4	5	9	8
8	5	9	2	6	3	1	7	4
4	9	5	7	2	6	8	1	3
7	2	3	8	1	5	6	4	9
6	8	1	4	3	9	7	5	2

NO. 104

2	7	4	3	9	8	5	1	6
1	6	5	4	7	2	3	8	9
8	3	9	6	1	5	2	7	4
4	8	3	1	2	6	9	5	7
9	1	2	7	5	3	6	4	8
6	5	7	9	8	4	1	2	3
3	9	1	2	4	7	8	6	5
5	4	6	8	3	1	7	9	2
7	2	8	5	6	9	4	3	1

NO. 105

7	3	1	9	4	6	5	2	8
2	4	5	1	3	8	6	7	9
9	6	8	5	7	2	1	4	3
6	1	4	7	2	9	3	8	5
5	7	2	8	1	3	9	6	4
8	9	3	4	6	5	7	1	2
1	5	9	6	8	4	2	3	7
4	2	6	3	5	7	8	9	1
3	8	7	2	9	1	4	5	6

NO. 106

3	7	2	8	4	9	5	6	1
6	5	1	3	7	2	8	4	9
4	9	8	6	5	1	7	2	3
1	2	7	5	3	6	9	8	4
9	4	3	7	1	8	2	5	6
5	8	6	9	2	4	1	3	7
7	6	9	2	8	3	4	1	5
2	1	5	4	6	7	3	9	8
8	3	4	1	9	5	6	7	2

NO. 107

5	9	2	4	3	6	1	7	8
7	8	4	2	1	5	9	3	6
1	3	6	9	8	7	5	4	2
3	2	7	5	6	8	4	1	9
4	5	1	3	2	9	6	8	7
8	6	9	7	4	1	2	5	3
9	7	3	6	5	4	8	2	1
2	4	8	1	9	3	7	6	5
6	1	5	8	7	2	3	9	4

NO. 108

9	8	1	6	5	7	2	3	4
2	4	6	3	9	8	5	1	7
7	5	3	4	2	1	6	9	8
8	3	7	9	4	6	1	5	2
1	9	4	2	7	5	3	8	6
5	6	2	1	8	3	4	7	9
3	1	9	7	6	2	8	4	5
4	2	5	8	1	9	7	6	3
6	7	8	5	3	4	9	2	1

NO. 109

6	2	4	3	9	1	7	8	5
8	3	9	6	7	5	2	4	1
5	1	7	4	2	8	6	3	9
9	4	5	7	3	2	1	6	8
2	8	1	5	4	6	9	7	3
7	6	3	1	8	9	4	5	2
4	5	6	9	1	3	8	2	7
3	9	2	8	6	7	5	1	4
1	7	8	2	5	4	3	9	6

NO. 110

8	2	3	6	7	9	5	1	4
5	1	4	8	3	2	9	6	7
6	7	9	1	5	4	2	3	8
4	9	8	2	6	7	1	5	3
1	5	7	9	4	3	8	2	6
3	6	2	5	8	1	4	7	9
2	3	1	4	9	6	7	8	5
7	4	5	3	2	8	6	9	1
9	8	6	7	1	5	3	4	2

NO. 111

2	1	4	9	7	6	3	5	8
3	9	5	2	8	4	6	7	1
6	8	7	5	3	1	4	2	9
4	2	6	8	1	3	5	9	7
5	7	1	4	6	9	8	3	2
8	3	9	7	5	2	1	6	4
1	4	2	3	9	5	7	8	6
7	6	3	1	2	8	9	4	5
9	5	8	6	4	7	2	1	3

NO. 112

6	7	3	4	2	8	1	5	9
1	5	4	6	9	7	2	8	3
8	2	9	5	1	3	4	6	7
4	9	7	1	6	2	8	3	5
5	8	1	9	3	4	6	7	2
2	3	6	7	8	5	9	4	1
9	6	8	3	5	1	7	2	4
7	1	5	2	4	6	3	9	8
3	4	2	8	7	9	5	1	6

NO. 113

5	7	2	1	4	8	9	3	6
9	3	8	2	5	6	4	1	7
6	1	4	9	3	7	2	8	5
4	2	1	5	8	3	7	6	9
7	5	3	6	9	2	8	4	1
8	9	6	4	7	1	5	2	3
3	8	5	7	6	4	1	9	2
2	6	9	8	1	5	3	7	4
1	4	7	3	2	9	6	5	8

NO. 114

2	6	7	9	3	8	1	4	5
4	5	9	6	1	2	8	3	7
1	8	3	4	5	7	2	6	9
7	2	4	8	6	3	5	9	1
5	1	6	2	4	9	3	7	8
9	3	8	5	7	1	6	2	4
8	4	5	7	2	6	9	1	3
3	9	2	1	8	4	7	5	6
6	7	1	3	9	5	4	8	2

NO. 115

7	1	9	8	5	4	6	3	2
6	5	3	7	2	9	8	4	1
8	2	4	1	6	3	9	7	5
5	7	6	9	1	8	4	2	3
4	3	1	6	7	2	5	9	8
2	9	8	3	4	5	1	6	7
9	6	2	5	8	7	3	1	4
1	4	5	2	3	6	7	8	9
3	8	7	4	9	1	2	5	6

NO. 116

7	8	1	5	2	4	3	9	6
5	9	6	1	8	3	2	4	7
2	4	3	9	6	7	8	1	5
4	5	2	6	1	8	7	3	9
3	6	8	7	9	2	1	5	4
1	7	9	3	4	5	6	2	8
9	3	7	2	5	6	4	8	1
6	1	4	8	3	9	5	7	2
8	2	5	4	7	1	9	6	3

NO. 117

3	8	6	4	5	7	9	2	1
2	9	1	3	6	8	5	4	7
5	7	4	9	2	1	3	6	8
7	1	3	8	4	2	6	5	9
6	2	8	5	3	9	7	1	4
4	5	9	7	1	6	8	3	2
1	6	7	2	8	3	4	9	5
8	3	5	1	9	4	2	7	6
9	4	2	6	7	5	1	8	3

NO. 118

8	3	6	5	1	9	2	4	7
4	7	5	6	3	2	9	8	1
1	2	9	4	8	7	5	6	3
7	1	2	3	6	8	4	9	5
9	5	4	7	2	1	8	3	6
6	8	3	9	4	5	7	1	2
3	4	8	2	5	6	1	7	9
2	9	1	8	7	3	6	5	4
5	6	7	1	9	4	3	2	8

NO. 119

8	2	1	9	7	4	5	3	6
3	5	6	2	8	1	9	4	7
4	9	7	3	6	5	1	8	2
9	4	2	7	5	6	8	1	3
5	7	3	1	9	8	2	6	4
6	1	8	4	2	3	7	9	5
7	6	9	8	4	2	3	5	1
1	8	5	6	3	7	4	2	9
2	3	4	5	1	9	6	7	8

NO. 120

9	7	4	3	2	1	8	6	5
3	8	6	5	4	7	9	1	2
5	2	1	9	8	6	7	3	4
1	4	3	8	9	5	6	2	7
8	5	7	6	1	2	3	4	9
2	6	9	7	3	4	5	8	1
7	1	5	4	6	8	2	9	3
6	3	2	1	7	9	4	5	8
4	9	8	2	5	3	1	7	6

NO. 121

5	7	8	4	1	2	6	3	9
6	4	9	8	7	3	5	2	1
2	3	1	9	6	5	4	8	7
8	9	7	3	2	6	1	5	4
4	2	3	5	9	1	7	6	8
1	6	5	7	4	8	2	9	3
3	8	6	1	5	4	9	7	2
7	1	2	6	8	9	3	4	5
9	5	4	2	3	7	8	1	6

NO. 122

1	6	7	4	3	9	2	5	8
2	5	4	1	7	8	3	9	6
8	3	9	5	6	2	4	1	7
7	8	1	3	5	4	9	6	2
5	2	6	9	1	7	8	3	4
9	4	3	2	8	6	5	7	1
4	1	2	6	9	5	7	8	3
3	9	8	7	4	1	6	2	5
6	7	5	8	2	3	1	4	9

NO. 123

2	4	6	1	5	8	9	3	7
7	3	8	9	2	6	1	4	5
1	9	5	7	3	4	8	6	2
3	2	4	6	9	5	7	1	8
9	8	7	4	1	3	5	2	6
5	6	1	2	8	7	3	9	4
4	1	9	5	7	2	6	8	3
8	7	2	3	6	1	4	5	9
6	5	3	8	4	9	2	7	1

NO. 124

2	3	7	6	1	4	8	5	9
4	8	1	7	5	9	2	6	3
9	5	6	8	2	3	4	1	7
5	4	2	9	3	8	6	7	1
3	7	8	1	6	5	9	4	2
1	6	9	4	7	2	3	8	5
8	1	4	3	9	7	5	2	6
7	9	5	2	8	6	1	3	4
6	2	3	5	4	1	7	9	8

NO. 125

2	9	3	4	7	8	1	6	5
4	5	1	2	3	6	9	8	7
6	8	7	9	1	5	2	3	4
7	3	6	8	9	1	5	4	2
5	2	9	3	4	7	8	1	6
1	4	8	6	5	2	3	7	9
8	1	2	7	6	9	4	5	3
3	7	5	1	2	4	6	9	8
9	6	4	5	8	3	7	2	1

NO. 126

2	1	5	4	9	6	8	3	7
4	8	3	7	2	5	9	1	6
9	7	6	3	1	8	5	4	2
1	5	9	2	4	7	6	8	3
6	4	7	8	5	3	2	9	1
3	2	8	1	6	9	7	5	4
5	9	1	6	3	2	4	7	8
7	6	4	9	8	1	3	2	5
8	3	2	5	7	4	1	6	9

NO. 127

7	4	3	9	2	5	6	8	1
2	1	5	3	6	8	9	4	7
8	9	6	1	4	7	2	5	3
1	5	8	6	7	2	4	3	9
6	7	9	5	3	4	1	2	8
4	3	2	8	1	9	5	7	6
5	8	1	2	9	3	7	6	4
3	6	4	7	5	1	8	9	2
9	2	7	4	8	6	3	1	5

NO. 128

8	7	2	9	5	1	4	6	3
1	4	3	6	2	8	5	7	9
6	9	5	3	7	4	1	8	2
4	2	1	8	9	5	6	3	7
7	3	8	4	6	2	9	5	1
9	5	6	1	3	7	2	4	8
3	6	4	7	1	9	8	2	5
2	8	9	5	4	3	7	1	6
5	1	7	2	8	6	3	9	4

NO. 129

7	3	2	5	4	1	6	8	9
6	8	9	3	7	2	4	1	5
4	1	5	8	6	9	3	7	2
8	6	7	1	5	3	2	9	4
3	5	1	2	9	4	8	6	7
2	9	4	6	8	7	5	3	1
5	7	3	4	1	8	9	2	6
1	2	6	9	3	5	7	4	8
9	4	8	7	2	6	1	5	3

NO. 130

8	4	7	3	5	9	1	2	6
2	6	3	4	7	1	8	9	5
5	1	9	6	8	2	3	7	4
1	9	2	7	6	8	4	5	3
6	8	4	5	2	3	9	1	7
3	7	5	9	1	4	6	8	2
4	3	8	2	9	5	7	6	1
7	2	1	8	4	6	5	3	9
9	5	6	1	3	7	2	4	8

NO. 131

4	3	7	5	6	8	9	2	1
8	9	6	1	2	3	5	7	4
2	1	5	7	4	9	3	6	8
7	6	3	9	5	4	1	8	2
5	8	1	2	7	6	4	9	3
9	4	2	8	3	1	6	5	7
6	7	4	3	9	2	8	1	5
3	5	8	6	1	7	2	4	9
1	2	9	4	8	5	7	3	6

NO. 132

4	2	3	6	1	5	8	7	9
1	8	7	9	4	2	6	3	5
9	6	5	8	7	3	2	4	1
3	9	4	1	2	7	5	6	8
8	1	6	3	5	9	7	2	4
5	7	2	4	6	8	9	1	3
7	3	8	2	9	4	1	5	6
2	4	1	5	8	6	3	9	7
6	5	9	7	3	1	4	8	2

NO. 133

5	3	2	1	6	4	8	7	9
4	7	1	8	3	9	2	6	5
8	9	6	7	5	2	1	3	4
7	6	8	9	1	5	4	2	3
3	4	9	2	7	6	5	8	1
2	1	5	3	4	8	6	9	7
6	2	4	5	9	7	3	1	8
9	8	3	4	2	1	7	5	6
1	5	7	6	8	3	9	4	2

NO. 134

3	8	9	2	4	7	1	6	5
2	6	7	5	1	3	8	9	4
1	5	4	9	6	8	2	3	7
4	9	3	6	8	2	7	5	1
5	2	1	4	7	9	6	8	3
6	7	8	3	5	1	9	4	2
7	3	6	1	9	5	4	2	8
8	4	2	7	3	6	5	1	9
9	1	5	8	2	4	3	7	6

NO. 135

8	6	5	2	1	9	4	3	7
7	1	9	3	4	6	2	8	5
3	2	4	8	7	5	1	9	6
5	9	7	6	8	1	3	2	4
6	3	1	7	2	4	8	5	9
2	4	8	9	5	3	6	7	1
1	7	6	5	3	2	9	4	8
4	5	3	1	9	8	7	6	2
9	8	2	4	6	7	5	1	3

NO. 136

2	7	4	1	8	3	9	6	5
9	6	8	5	7	4	1	3	2
1	5	3	2	6	9	4	8	7
8	3	2	9	4	5	6	7	1
6	9	1	3	2	7	5	4	8
5	4	7	8	1	6	2	9	3
7	8	9	4	5	2	3	1	6
4	1	5	6	3	8	7	2	9
3	2	6	7	9	1	8	5	4

NO. 137

7	9	6	3	8	1	2	5	4
5	1	4	7	2	6	8	9	3
3	2	8	9	5	4	1	7	6
2	4	7	5	9	3	6	8	1
6	8	9	2	1	7	4	3	5
1	3	5	4	6	8	9	2	7
9	6	1	8	7	5	3	4	2
4	7	2	6	3	9	5	1	8
8	5	3	1	4	2	7	6	9

NO. 138

4	6	5	9	3	7	2	8	1
9	2	8	1	6	5	3	7	4
1	3	7	4	8	2	6	5	9
3	9	6	7	4	8	1	2	5
2	7	4	5	1	3	9	6	8
8	5	1	6	2	9	4	3	7
5	4	9	3	7	6	8	1	2
7	8	3	2	9	1	5	4	6
6	1	2	8	5	4	7	9	3

NO. 139

1	4	7	2	6	3	5	8	9
8	5	9	1	7	4	2	6	3
3	2	6	5	9	8	7	4	1
2	3	1	8	5	6	4	9	7
6	9	8	7	4	2	1	3	5
4	7	5	3	1	9	6	2	8
5	8	3	4	2	7	9	1	6
9	1	2	6	8	5	3	7	4
7	6	4	9	3	1	8	5	2

NO. 140

5	8	2	3	4	7	9	6	1
9	6	7	2	1	5	4	8	3
3	4	1	9	6	8	5	2	7
2	7	8	1	3	9	6	5	4
1	5	4	8	2	6	3	7	9
6	9	3	7	5	4	2	1	8
7	1	6	4	9	2	8	3	5
8	2	9	5	7	3	1	4	6
4	3	5	6	8	1	7	9	2

NO. 141

8	3	5	6	4	1	9	2	7
9	7	2	3	8	5	6	1	4
1	6	4	9	7	2	5	8	3
3	9	8	4	6	7	1	5	2
6	5	7	1	2	9	3	4	8
4	2	1	5	3	8	7	9	6
7	4	9	2	5	3	8	6	1
5	8	6	7	1	4	2	3	9
2	1	3	8	9	6	4	7	5

NO. 142

5	3	1	4	9	8	2	7	6
4	7	9	1	6	2	3	5	8
2	6	8	7	5	3	4	1	9
3	5	7	6	1	4	8	9	2
6	8	2	5	3	9	7	4	1
1	9	4	2	8	7	6	3	5
8	2	3	9	4	5	1	6	7
7	1	5	3	2	6	9	8	4
9	4	6	8	7	1	5	2	3

NO. 143

9	4	5	2	7	8	1	6	3
7	8	1	6	3	5	2	4	9
2	6	3	4	9	1	7	8	5
1	3	6	8	5	9	4	7	2
4	2	7	1	6	3	5	9	8
8	5	9	7	2	4	6	3	1
6	1	2	9	8	7	3	5	4
5	7	8	3	4	2	9	1	6
3	9	4	5	1	6	8	2	7

NO. 144

7	6	5	3	1	9	2	8	4
4	2	8	7	5	6	9	3	1
9	3	1	8	4	2	5	7	6
6	5	9	2	3	7	1	4	8
1	8	7	4	9	5	6	2	3
3	4	2	6	8	1	7	5	9
2	1	4	9	7	3	8	6	5
8	9	6	5	2	4	3	1	7
5	7	3	1	6	8	4	9	2

NO. 145

1	7	8	6	5	9	4	3	2
3	9	6	4	8	2	5	7	1
5	2	4	3	7	1	9	8	6
7	4	3	2	9	6	8	1	5
6	8	2	7	1	5	3	9	4
9	1	5	8	3	4	2	6	7
4	5	9	1	6	3	7	2	8
8	3	1	5	2	7	6	4	9
2	6	7	9	4	8	1	5	3

NO. 146

8	6	1	5	7	2	3	9	4
5	2	4	3	8	9	1	7	6
3	7	9	1	4	6	5	8	2
4	3	6	2	5	8	9	1	7
7	9	8	6	3	1	2	4	5
1	5	2	4	9	7	8	6	3
2	4	7	9	1	5	6	3	8
9	8	5	7	6	3	4	2	1
6	1	3	8	2	4	7	5	9

NO. 147

3	2	4	8	6	7	1	9	5
9	6	1	3	5	2	4	7	8
7	5	8	4	9	1	2	3	6
4	1	7	9	2	5	8	6	3
2	8	6	1	7	3	5	4	9
5	3	9	6	8	4	7	2	1
8	7	3	2	1	6	9	5	4
6	9	2	5	4	8	3	1	7
1	4	5	7	3	9	6	8	2

NO. 148

9	6	1	7	5	3	2	8	4
3	8	4	2	6	9	1	5	7
7	5	2	1	8	4	9	3	6
2	9	8	5	4	1	6	7	3
6	7	5	9	3	2	8	4	1
1	4	3	6	7	8	5	2	9
8	3	9	4	1	5	7	6	2
5	1	6	3	2	7	4	9	8
4	2	7	8	9	6	3	1	5

NO. 149

3	5	2	7	4	8	6	1	9
9	1	8	3	2	6	7	4	5
6	7	4	5	9	1	3	2	8
1	2	6	8	5	9	4	3	7
5	9	7	1	3	4	8	6	2
8	4	3	2	6	7	9	5	1
7	3	1	4	8	5	2	9	6
2	6	5	9	7	3	1	8	4
4	8	9	6	1	2	5	7	3

NO. 150

1	2	4	3	6	7	9	5	8
5	8	6	1	2	9	7	4	3
7	9	3	8	4	5	1	2	6
8	5	9	2	7	6	3	1	4
3	6	1	5	8	4	2	7	9
4	7	2	9	3	1	8	6	5
6	3	5	7	1	8	4	9	2
2	4	7	6	9	3	5	8	1
9	1	8	4	5	2	6	3	7

NO. 151

5	8	2	4	3	7	9	1	6
4	7	6	1	9	8	2	3	5
9	1	3	5	6	2	7	8	4
6	2	5	9	8	4	1	7	3
1	3	4	7	2	5	6	9	8
8	9	7	3	1	6	4	5	2
2	6	1	8	5	9	3	4	7
7	5	9	2	4	3	8	6	1
3	4	8	6	7	1	5	2	9

NO. 152

6	4	3	8	2	7	9	1	5
8	9	2	4	1	5	7	3	6
5	7	1	6	9	3	2	4	8
2	5	7	9	4	6	1	8	3
9	6	8	2	3	1	5	7	4
1	3	4	5	7	8	6	9	2
4	1	5	7	8	2	3	6	9
7	2	9	3	6	4	8	5	1
3	8	6	1	5	9	4	2	7

NO. 153

8	5	3	1	9	7	6	2	4
4	2	7	6	8	3	1	9	5
6	9	1	5	4	2	8	7	3
1	4	2	9	5	6	7	3	8
3	6	5	8	7	1	2	4	9
7	8	9	2	3	4	5	6	1
9	1	4	7	6	5	3	8	2
2	3	6	4	1	8	9	5	7
5	7	8	3	2	9	4	1	6

NO. 154

6	9	8	5	3	4	2	7	1
2	5	7	9	8	1	3	6	4
1	4	3	6	7	2	9	8	5
8	3	9	1	4	5	6	2	7
4	2	5	3	6	7	8	1	9
7	6	1	2	9	8	4	5	3
5	1	6	4	2	9	7	3	8
3	7	4	8	5	6	1	9	2
9	8	2	7	1	3	5	4	6

NO. 155

8	5	6	7	3	2	4	9	1
4	3	2	8	1	9	7	6	5
1	9	7	6	5	4	3	2	8
3	8	4	5	9	1	6	7	2
7	1	5	2	6	3	9	8	4
6	2	9	4	8	7	1	5	3
2	4	1	9	7	5	8	3	6
5	7	8	3	4	6	2	1	9
9	6	3	1	2	8	5	4	7

NO. 156

4	6	2	1	3	7	8	9	5
5	3	1	4	8	9	7	6	2
8	7	9	6	5	2	1	3	4
1	9	7	3	4	8	5	2	6
3	2	5	9	7	6	4	8	1
6	8	4	5	2	1	9	7	3
9	1	8	2	6	5	3	4	7
7	4	6	8	1	3	2	5	9
2	5	3	7	9	4	6	1	8

NO. 157

9	1	5	7	3	8	2	4	6
4	6	8	2	1	9	3	7	5
3	7	2	4	6	5	9	1	8
2	4	3	8	9	6	1	5	7
7	8	9	1	5	4	6	2	3
1	5	6	3	7	2	8	9	4
5	9	7	6	8	1	4	3	2
8	3	4	9	2	7	5	6	1
6	2	1	5	4	3	7	8	9

NO. 158

3	2	1	8	4	5	9	7	6
4	8	9	6	1	7	2	5	3
7	6	5	2	9	3	4	8	1
1	3	6	7	5	4	8	2	9
8	4	7	9	2	6	1	3	5
5	9	2	3	8	1	7	6	4
6	5	8	1	7	9	3	4	2
2	1	3	4	6	8	5	9	7
9	7	4	5	3	2	6	1	8

NO. 159

9	7	6	2	4	3	8	5	1
1	5	8	6	9	7	4	3	2
3	2	4	8	1	5	6	9	7
2	8	7	9	5	4	3	1	6
4	1	3	7	6	2	9	8	5
6	9	5	1	3	8	2	7	4
5	4	2	3	8	1	7	6	9
7	3	9	5	2	6	1	4	8
8	6	1	4	7	9	5	2	3

NO. 160

1	4	3	6	2	8	9	5	7
7	2	5	9	4	3	1	6	8
9	8	6	1	7	5	4	3	2
2	7	9	3	1	6	5	8	4
4	3	8	7	5	9	2	1	6
6	5	1	4	8	2	3	7	9
3	1	7	2	6	4	8	9	5
8	6	2	5	9	1	7	4	3
5	9	4	8	3	7	6	2	1

NO. 161

9	2	7	1	6	8	5	3	4
3	1	5	2	4	7	8	6	9
8	4	6	9	3	5	7	2	1
6	5	8	4	9	2	3	1	7
1	3	2	7	8	6	4	9	5
7	9	4	5	1	3	6	8	2
2	7	3	8	5	1	9	4	6
4	6	1	3	7	9	2	5	8
5	8	9	6	2	4	1	7	3

NO. 162

2	3	7	9	5	6	8	1	4
6	8	4	7	2	1	5	3	9
5	1	9	3	4	8	7	6	2
8	9	5	6	3	2	4	7	1
3	4	1	5	9	7	2	8	6
7	6	2	8	1	4	9	5	3
1	7	3	2	8	9	6	4	5
9	5	6	4	7	3	1	2	8
4	2	8	1	6	5	3	9	7

NO. 163

5	8	6	7	1	3	2	9	4
2	1	4	9	8	6	5	7	3
3	7	9	5	2	4	8	6	1
4	3	8	1	9	2	7	5	6
6	9	7	4	3	5	1	2	8
1	2	5	6	7	8	4	3	9
7	5	1	8	6	9	3	4	2
9	4	2	3	5	1	6	8	7
8	6	3	2	4	7	9	1	5

NO. 164

8	9	1	2	5	7	4	3	6
3	7	5	9	6	4	1	2	8
4	2	6	3	1	8	7	5	9
7	3	8	5	9	1	2	6	4
5	6	2	4	8	3	9	7	1
9	1	4	7	2	6	5	8	3
1	5	3	8	7	9	6	4	2
6	8	7	1	4	2	3	9	5
2	4	9	6	3	5	8	1	7

NO. 165

5	4	7	8	6	1	9	2	3
9	2	6	3	5	7	8	1	4
8	1	3	9	4	2	6	7	5
7	3	2	6	9	4	5	8	1
4	9	1	5	2	8	7	3	6
6	5	8	7	1	3	4	9	2
3	7	4	1	8	6	2	5	9
2	8	9	4	3	5	1	6	7
1	6	5	2	7	9	3	4	8

NO. 166

5	6	3	4	7	9	2	8	1
7	2	8	6	3	1	5	9	4
9	1	4	8	2	5	3	6	7
2	4	1	7	6	3	9	5	8
8	7	5	9	4	2	1	3	6
3	9	6	5	1	8	7	4	2
1	8	7	3	9	4	6	2	5
6	5	9	2	8	7	4	1	3
4	3	2	1	5	6	8	7	9

NO. 167

4	3	1	6	9	5	7	8	2
8	2	7	3	1	4	6	5	9
5	6	9	7	2	8	1	3	4
2	9	3	4	8	6	5	1	7
7	4	5	1	3	2	9	6	8
6	1	8	5	7	9	2	4	3
9	8	6	2	5	3	4	7	1
3	7	4	9	6	1	8	2	5
1	5	2	8	4	7	3	9	6

NO. 168

4	1	6	2	8	9	7	5	3
7	3	5	4	1	6	8	2	9
2	9	8	7	3	5	6	1	4
5	6	3	9	7	4	1	8	2
8	2	9	3	5	1	4	6	7
1	7	4	8	6	2	3	9	5
3	5	2	6	4	8	9	7	1
6	4	1	5	9	7	2	3	8
9	8	7	1	2	3	5	4	6

NO. 169

1	8	7	3	2	9	4	5	6
3	4	6	7	8	5	1	2	9
9	5	2	1	4	6	8	3	7
6	9	1	8	7	3	2	4	5
4	3	5	2	9	1	6	7	8
2	7	8	5	6	4	9	1	3
8	1	4	6	3	7	5	9	2
7	6	9	4	5	2	3	8	1
5	2	3	9	1	8	7	6	4

NO. 170

5	3	2	4	8	6	1	7	9
7	6	9	1	2	3	5	8	4
4	8	1	5	7	9	3	6	2
9	4	3	7	6	2	8	1	5
8	1	7	9	4	5	2	3	6
6	2	5	3	1	8	9	4	7
2	5	4	8	3	7	6	9	1
3	7	6	2	9	1	4	5	8
1	9	8	6	5	4	7	2	3

NO. 171

2	9	5	7	1	8	6	3	4
7	6	3	2	5	4	1	8	9
8	1	4	9	3	6	5	7	2
9	4	1	5	2	7	3	6	8
6	3	2	1	8	9	4	5	7
5	8	7	6	4	3	2	9	1
1	2	9	3	7	5	8	4	6
4	5	6	8	9	2	7	1	3
3	7	8	4	6	1	9	2	5

NO. 172

6	3	5	4	9	2	1	8	7
9	2	8	7	6	1	5	4	3
1	7	4	8	5	3	6	9	2
5	4	6	2	8	7	9	3	1
2	1	9	5	3	4	7	6	8
3	8	7	9	1	6	4	2	5
8	5	2	6	7	9	3	1	4
4	9	3	1	2	5	8	7	6
7	6	1	3	4	8	2	5	9

NO. 173

9	6	8	2	1	5	7	3	4
1	4	3	6	7	9	8	5	2
7	5	2	3	8	4	6	1	9
4	9	6	5	2	3	1	7	8
5	3	7	1	9	8	2	4	6
2	8	1	7	4	6	3	9	5
8	7	5	9	6	1	4	2	3
3	1	4	8	5	2	9	6	7
6	2	9	4	3	7	5	8	1

NO. 174

1	6	8	9	4	2	5	7	3
9	5	7	8	1	3	6	4	2
3	4	2	7	5	6	8	9	1
8	3	9	1	2	5	4	6	7
4	7	6	3	9	8	1	2	5
5	2	1	4	6	7	9	3	8
6	8	5	2	3	4	7	1	9
2	1	4	5	7	9	3	8	6
7	9	3	6	8	1	2	5	4

NO. 175

4	1	7	2	8	9	6	3	5
5	3	9	1	6	4	8	2	7
2	8	6	7	3	5	9	4	1
7	9	5	3	4	1	2	6	8
3	2	8	9	5	6	7	1	4
6	4	1	8	7	2	3	5	9
8	6	3	5	1	7	4	9	2
1	7	2	4	9	3	5	8	6
9	5	4	6	2	8	1	7	3

NO. 176

9	7	8	5	3	4	1	6	2
1	6	5	2	9	8	7	4	3
4	3	2	6	7	1	9	8	5
6	8	1	4	5	9	3	2	7
2	5	7	1	8	3	6	9	4
3	4	9	7	6	2	5	1	8
5	9	3	8	4	6	2	7	1
8	1	6	3	2	7	4	5	9
7	2	4	9	1	5	8	3	6

NO. 177

2	4	7	6	3	5	9	8	1
3	6	1	2	9	8	4	7	5
9	5	8	4	7	1	2	6	3
8	9	6	5	1	3	7	2	4
4	2	3	7	8	6	5	1	9
1	7	5	9	2	4	6	3	8
7	3	2	1	4	9	8	5	6
5	8	9	3	6	2	1	4	7
6	1	4	8	5	7	3	9	2

NO. 178

4	2	9	3	6	8	5	1	7
1	5	7	2	9	4	6	8	3
6	8	3	1	7	5	9	4	2
3	7	1	9	5	6	8	2	4
9	6	8	4	2	1	3	7	5
2	4	5	7	8	3	1	9	6
7	3	4	5	1	9	2	6	8
8	1	2	6	3	7	4	5	9
5	9	6	8	4	2	7	3	1

NO. 179

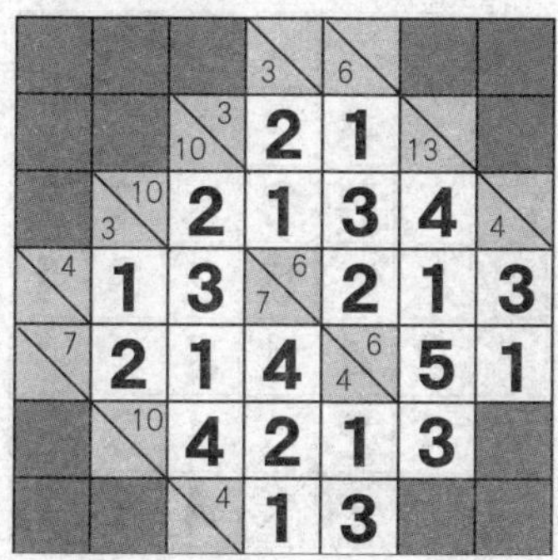

NO. 180

	7	6		12	3	4
3	**2**	**1**	6	**2**	**1**	**3**
4	**1**	**3**	13\7	**4**	**2**	**1**
12	**4**	**2**	**1**	**5**	6	7
	3	4\10	**3**	**1**	**2**	**4**
7	**2**	**1**	**4**	4	**3**	**1**
9	**1**	**3**	**5**	3	**1**	**2**

NO. 181

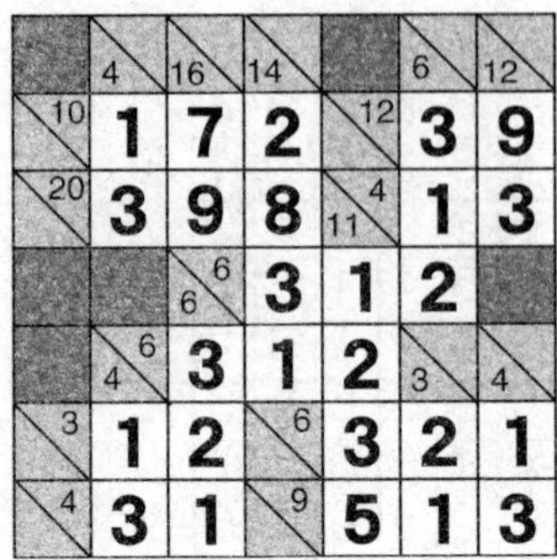

NO. 182

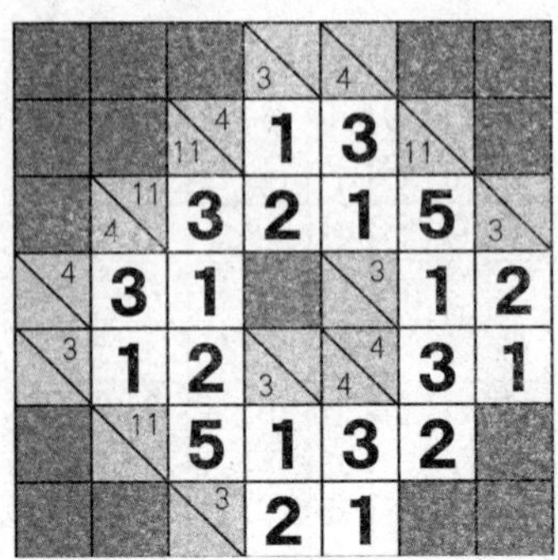

NO. 183

NO. 184

NO. 185

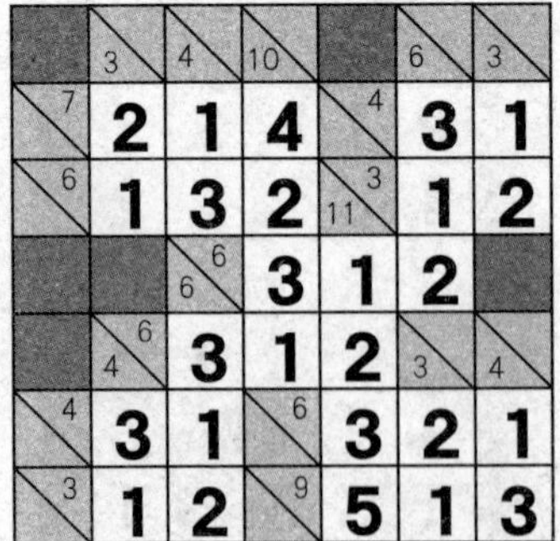

NO. 186

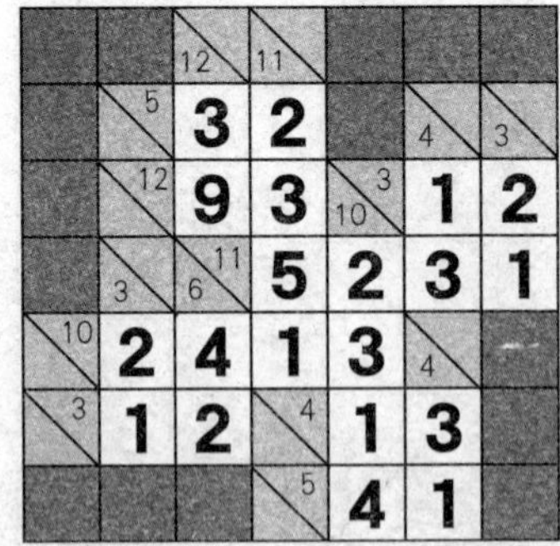

NO. 187

NO. 188

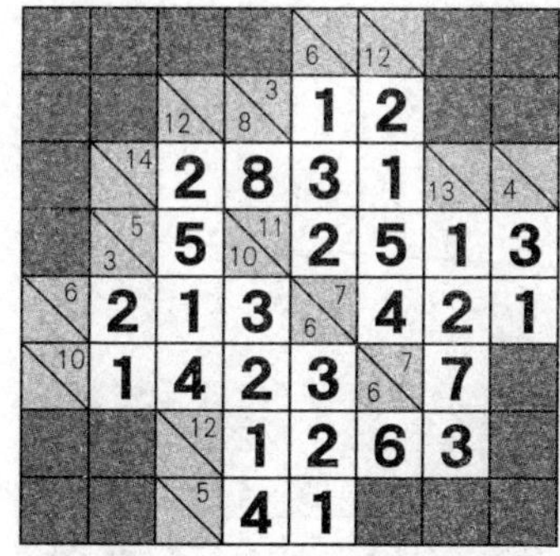

NO. 189

NO. 190

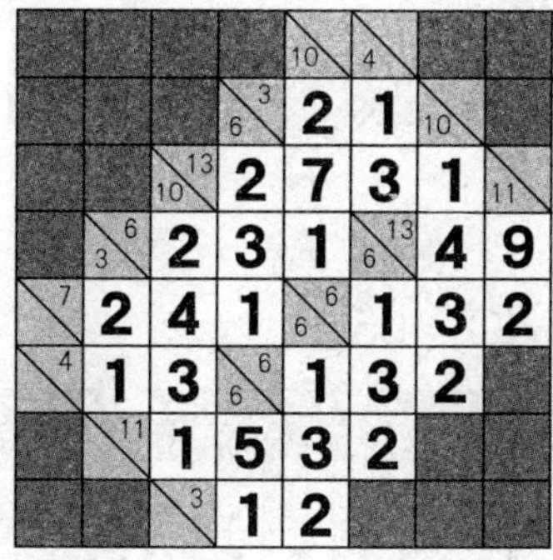

NO. 191

NO. 192

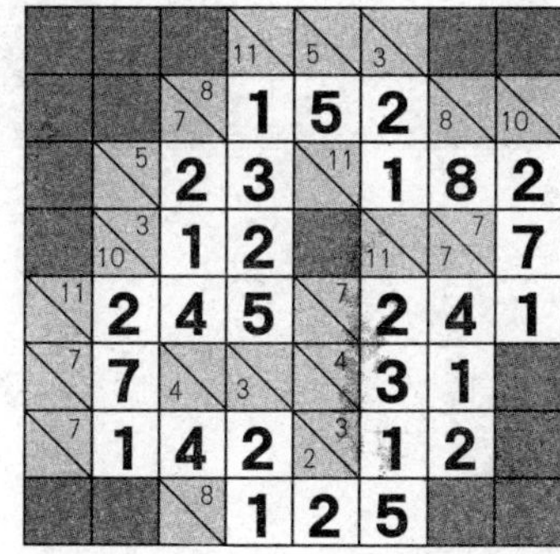

NO. 193

NO. 194

NO. 195

NO. 196

◯高级篇

NO. 197

2	6	5	1	4	3	9	7	8
4	8	3	2	9	7	1	5	6
1	9	7	6	8	5	2	4	3
3	4	6	5	1	8	7	2	9
8	1	2	9	7	4	6	3	5
7	5	9	3	6	2	8	1	4
6	7	4	8	3	1	5	9	2
5	3	8	7	2	9	4	6	1
9	2	1	4	5	6	3	8	7

NO. 198

8	4	7	5	2	3	9	6	1
6	1	2	9	8	4	5	3	7
9	5	3	7	1	6	4	2	8
3	7	6	1	4	9	8	5	2
4	9	8	3	5	2	1	7	6
1	2	5	6	7	8	3	4	9
7	3	9	8	6	5	2	1	4
2	8	1	4	3	7	6	9	5
5	6	4	2	9	1	7	8	3

NO. 199

2	7	9	1	5	6	3	4	8
6	4	1	3	7	8	2	5	9
5	8	3	9	4	2	6	7	1
3	1	2	8	6	4	7	9	5
9	6	4	7	3	5	1	8	2
7	5	8	2	1	9	4	3	6
8	9	7	6	2	3	5	1	4
4	3	6	5	9	1	8	2	7
1	2	5	4	8	7	9	6	3

NO. 200

8	6	1	4	2	7	5	3	9
2	5	7	6	9	3	8	4	1
9	3	4	5	1	8	7	6	2
3	7	5	2	6	4	9	1	8
1	4	2	7	8	9	6	5	3
6	8	9	1	3	5	4	2	7
5	9	8	3	4	1	2	7	6
4	2	3	8	7	6	1	9	5
7	1	6	9	5	2	3	8	4

NO. 201

1	4	2	8	9	6	3	7	5
9	8	3	4	7	5	1	2	6
5	7	6	3	1	2	4	8	9
6	2	7	5	3	4	9	1	8
4	9	8	2	6	1	7	5	3
3	5	1	9	8	7	2	6	4
7	3	9	6	2	8	5	4	1
8	1	4	7	5	9	6	3	2
2	6	5	1	4	3	8	9	7

NO. 202

6	9	4	8	7	2	5	3	1
2	1	5	3	6	9	8	4	7
7	8	3	4	5	1	2	6	9
9	6	2	5	4	8	7	1	3
4	7	1	6	2	3	9	8	5
5	3	8	9	1	7	6	2	4
8	2	9	7	3	4	1	5	6
1	4	6	2	9	5	3	7	8
3	5	7	1	8	6	4	9	2

NO. 203

3	2	9	8	7	5	6	4	1
6	4	5	3	1	2	8	7	9
1	7	8	6	9	4	5	2	3
8	9	3	5	6	7	2	1	4
7	6	4	2	8	1	9	3	5
2	5	1	4	3	9	7	8	6
4	1	6	9	2	8	3	5	7
9	8	7	1	5	3	4	6	2
5	3	2	7	4	6	1	9	8

NO. 204

3	4	2	5	8	6	9	1	7
5	7	9	3	2	1	4	6	8
8	6	1	4	9	7	3	2	5
6	2	4	9	7	3	5	8	1
9	5	7	6	1	8	2	4	3
1	3	8	2	4	5	6	7	9
7	9	3	1	6	4	8	5	2
2	8	6	7	5	9	1	3	4
4	1	5	8	3	2	7	9	6

NO. 205

7	1	3	6	4	9	8	2	5
2	8	9	3	5	1	6	7	4
6	4	5	2	7	8	3	9	1
1	9	6	4	3	2	5	8	7
3	7	8	5	9	6	4	1	2
4	5	2	1	8	7	9	3	6
8	3	1	7	6	5	2	4	9
5	2	4	9	1	3	7	6	8
9	6	7	8	2	4	1	5	3

NO. 206

4	1	9	2	3	8	5	7	6
5	2	7	4	9	6	8	1	3
6	8	3	1	7	5	4	2	9
7	9	2	6	1	4	3	8	5
1	4	6	5	8	3	7	9	2
3	5	8	9	2	7	1	6	4
2	7	5	3	6	1	9	4	8
8	6	4	7	5	9	2	3	1
9	3	1	8	4	2	6	5	7

NO. 207

8	9	5	4	3	7	6	1	2
1	6	4	8	9	2	3	7	5
7	3	2	6	1	5	4	8	9
5	8	1	3	6	9	7	2	4
3	7	9	1	2	4	8	5	6
4	2	6	5	7	8	9	3	1
2	5	3	7	4	6	1	9	8
6	1	8	9	5	3	2	4	7
9	4	7	2	8	1	5	6	3

NO. 208

2	7	8	3	4	9	5	1	6
6	5	1	2	7	8	3	9	4
4	3	9	1	5	6	7	2	8
8	6	5	7	2	4	1	3	9
9	2	7	8	3	1	4	6	5
3	1	4	6	9	5	2	8	7
7	4	2	9	8	3	6	5	1
5	8	6	4	1	2	9	7	3
1	9	3	5	6	7	8	4	2

NO. 209

9	4	2	1	6	3	7	5	8
3	7	5	2	8	4	6	1	9
8	1	6	7	5	9	2	4	3
5	3	7	9	1	6	8	2	4
4	6	8	3	2	5	1	9	7
2	9	1	4	7	8	3	6	5
7	2	9	8	4	1	5	3	6
1	5	3	6	9	7	4	8	2
6	8	4	5	3	2	9	7	1

NO. 210

6	3	2	1	7	5	8	9	4
4	7	9	6	8	2	3	1	5
5	8	1	3	4	9	7	2	6
1	9	7	5	6	3	4	8	2
2	6	4	8	1	7	9	5	3
3	5	8	9	2	4	6	7	1
7	2	5	4	9	6	1	3	8
8	4	3	7	5	1	2	6	9
9	1	6	2	3	8	5	4	7

NO. 211

7	8	4	3	9	1	6	2	5
6	9	5	4	2	8	1	7	3
3	2	1	7	5	6	8	9	4
8	5	2	9	1	3	4	6	7
4	7	9	2	6	5	3	8	1
1	6	3	8	7	4	9	5	2
2	3	7	1	8	9	5	4	6
9	1	6	5	4	7	2	3	8
5	4	8	6	3	2	7	1	9

NO. 212

3	2	6	7	4	1	5	9	8
4	9	5	6	8	3	7	2	1
1	8	7	2	5	9	3	4	6
5	7	2	1	9	8	4	6	3
6	4	8	3	7	5	2	1	9
9	3	1	4	6	2	8	7	5
8	6	9	5	2	4	1	3	7
7	1	4	8	3	6	9	5	2
2	5	3	9	1	7	6	8	4

NO. 213

1	5	9	7	4	8	3	6	2
8	6	2	3	9	5	1	7	4
4	3	7	2	6	1	9	8	5
6	1	4	8	7	3	2	5	9
3	2	5	9	1	6	7	4	8
7	9	8	5	2	4	6	1	3
5	8	6	1	3	2	4	9	7
9	4	3	6	5	7	8	2	1
2	7	1	4	8	9	5	3	6

NO. 214

8	4	3	9	5	2	6	1	7
2	6	5	7	3	1	9	4	8
1	9	7	4	8	6	3	2	5
4	1	9	8	2	3	5	7	6
5	7	8	6	4	9	1	3	2
6	3	2	1	7	5	4	8	9
7	8	1	5	9	4	2	6	3
3	5	6	2	1	8	7	9	4
9	2	4	3	6	7	8	5	1

NO. 215

2	6	9	1	5	4	8	7	3
4	3	5	8	7	9	2	1	6
1	8	7	3	2	6	9	5	4
8	5	3	6	9	1	4	2	7
7	9	1	5	4	2	3	6	8
6	2	4	7	8	3	1	9	5
9	7	8	2	3	5	6	4	1
5	4	6	9	1	8	7	3	2
3	1	2	4	6	7	5	8	9

NO. 216

4	2	7	1	3	6	9	5	8
9	3	8	4	7	5	1	2	6
1	5	6	9	8	2	3	7	4
8	6	5	7	1	0	4	3	2
2	1	9	5	4	3	6	8	7
7	4	3	2	6	8	5	9	1
6	8	2	3	5	4	7	1	9
5	7	4	8	9	1	2	6	3
3	9	1	6	2	7	8	4	5

NO. 217

7	5	8	1	6	4	9	2	3
6	3	2	7	5	9	1	8	4
9	4	1	8	2	3	7	6	5
8	1	5	6	3	7	4	9	2
2	9	3	5	4	8	6	7	1
4	6	7	9	1	2	5	3	8
3	2	6	4	9	1	8	5	7
5	7	4	2	8	6	3	1	9
1	8	9	3	7	5	2	4	6

NO. 218

3	8	4	7	1	9	2	6	5
6	1	5	3	8	2	4	9	7
9	2	7	4	6	5	1	3	8
2	9	8	6	3	7	5	4	1
4	3	1	5	9	8	6	7	2
5	7	6	2	4	1	9	8	3
1	5	3	9	7	6	8	2	4
7	6	2	8	5	4	3	1	9
8	4	9	1	2	3	7	5	6

NO. 219

4	8	7	1	2	3	6	5	9
9	5	2	8	4	6	3	1	7
1	3	6	5	9	7	2	4	8
8	1	9	2	5	4	7	3	6
2	6	4	3	7	1	8	9	5
3	7	5	9	6	8	4	2	1
6	2	8	4	1	9	5	7	3
7	4	1	6	3	5	9	8	2
5	9	3	7	8	2	1	6	4

NO. 220

4	8	5	7	9	3	6	1	2
7	6	1	4	5	2	8	9	3
9	2	3	6	1	8	4	5	7
2	7	8	9	3	6	5	4	1
1	9	6	2	4	5	3	7	8
3	5	4	1	8	7	2	6	9
6	3	2	5	7	1	9	8	4
5	4	7	8	2	9	1	3	6
8	1	9	3	6	4	7	2	5

NO. 221

4	6	5	8	3	1	2	7	9
7	8	2	4	9	6	3	1	5
1	3	9	5	7	2	4	6	8
6	9	4	1	2	5	8	3	7
3	2	8	6	4	7	5	9	1
5	1	7	9	8	3	6	4	2
8	4	1	2	6	9	7	5	3
2	5	3	7	1	4	9	8	6
9	7	6	3	5	8	1	2	4

NO. 222

8	1	9	2	6	3	5	4	7
7	5	6	4	8	9	3	1	2
2	4	3	5	7	1	8	6	9
3	6	1	8	4	2	9	7	5
5	2	4	1	9	7	6	8	3
9	7	8	6	3	5	4	2	1
6	3	7	9	2	4	1	5	8
4	9	5	7	1	8	2	3	6
1	8	2	3	5	6	7	9	4

NO. 223

7	5	8	2	9	3	1	4	6
9	6	1	8	7	4	3	5	2
4	3	2	5	1	6	7	9	8
2	9	5	6	4	1	8	3	7
6	8	3	9	5	7	4	2	1
1	7	4	3	2	8	9	6	5
5	2	7	4	8	9	6	1	3
3	1	9	7	6	5	2	8	4
8	4	6	1	3	2	5	7	9

NO. 224

8	6	5	3	4	9	1	2	7
4	2	9	5	1	7	8	6	3
7	1	3	8	2	6	5	4	9
5	4	8	2	7	1	3	9	6
2	3	6	4	9	8	7	1	5
9	7	1	6	3	5	4	8	2
3	5	4	9	8	2	6	7	1
1	8	2	7	6	3	9	5	4
6	9	7	1	5	4	2	3	8

NO. 225

3	9	5	1	7	2	6	8	4
7	8	1	3	6	4	5	9	2
6	4	2	8	5	9	1	3	7
1	6	4	2	3	8	7	5	9
9	2	3	7	1	5	8	4	6
5	7	8	9	4	6	3	2	1
8	1	7	4	9	3	2	6	5
2	5	9	6	8	1	4	7	3
4	3	6	5	2	7	9	1	8

NO. 226

2	1	6	9	3	8	4	5	7
9	5	4	7	6	2	8	3	1
3	7	8	5	1	4	2	6	9
6	8	2	1	9	5	3	7	4
7	3	5	4	2	6	1	9	8
4	9	1	8	7	3	6	2	5
8	2	9	6	5	1	7	4	3
1	6	7	3	4	9	5	8	2
5	4	3	2	8	7	9	1	6

NO. 227

2	7	4	1	5	6	8	3	9
9	1	5	8	4	3	6	7	2
6	3	8	9	7	2	5	1	4
1	4	9	2	3	8	7	5	6
3	5	7	4	6	9	2	8	1
8	6	2	7	1	5	4	9	3
4	9	6	5	8	1	3	2	7
5	2	3	6	9	7	1	4	8
7	8	1	3	2	4	9	6	5

NO. 228

3	7	2	6	4	1	5	8	9
8	5	6	7	3	9	1	2	4
4	1	9	5	8	2	7	3	6
9	2	7	3	6	4	8	1	5
1	8	4	9	2	5	3	6	7
6	3	5	8	1	7	4	9	2
7	6	1	4	9	3	2	5	8
5	9	3	2	7	8	6	4	1
2	4	8	1	5	6	9	7	3

NO. 229

9	8	4	5	6	7	2	3	1
7	3	1	2	8	9	5	6	4
5	6	2	1	3	4	8	9	7
4	5	6	9	7	2	3	1	8
3	9	8	6	1	5	4	7	2
1	2	7	3	4	8	9	5	6
2	7	9	8	5	6	1	4	3
8	4	3	7	9	1	6	2	5
6	1	5	4	2	3	7	8	9

NO. 230

1	6	4	9	5	7	2	8	3
3	8	5	6	2	1	9	7	4
7	2	9	4	3	8	6	5	1
5	3	7	2	8	9	4	1	6
4	1	2	7	6	3	8	9	5
6	9	8	5	1	4	3	2	7
8	4	3	1	9	5	7	6	2
9	5	6	3	7	2	1	4	8
2	7	1	8	4	6	5	3	9

NO. 231

2	9	8	5	3	1	4	7	6
5	4	7	9	6	8	3	2	1
3	1	6	7	2	4	8	9	5
8	3	5	1	9	2	7	6	4
6	7	4	3	8	5	9	1	2
1	2	9	6	4	7	5	3	8
9	6	1	4	5	3	2	8	7
4	8	3	2	7	6	1	5	9
7	5	2	8	1	9	6	4	3

NO. 232

7	5	4	3	8	1	9	6	2
9	2	1	6	7	4	3	8	5
3	6	8	5	9	2	1	7	4
4	3	6	1	2	8	5	9	7
2	1	9	7	6	5	4	3	8
8	7	5	9	4	3	2	1	6
5	8	7	2	1	9	6	4	3
1	4	3	8	5	6	7	2	9
6	9	2	4	3	7	8	5	1

NO. 233

6	3	4	5	9	8	2	1	7
8	9	2	1	7	3	6	4	5
5	7	1	4	6	2	8	3	9
9	4	8	3	2	1	5	7	6
3	1	7	6	5	9	4	2	8
2	6	5	8	4	7	3	9	1
4	5	9	2	1	6	7	8	3
7	8	6	9	3	4	1	5	2
1	2	3	7	8	5	9	6	4

NO. 234

4	5	3	2	7	8	1	6	9
9	6	8	3	1	4	2	5	7
2	1	7	9	5	6	8	4	3
6	2	9	4	8	1	3	7	5
5	8	1	7	3	9	4	2	6
7	3	4	5	6	2	9	1	8
3	9	2	6	4	5	7	8	1
8	4	5	1	9	7	6	3	2
1	7	6	8	2	3	5	9	4

NO. 235

4	2	5	3	9	7	6	8	1
6	9	3	1	8	4	5	7	2
7	8	1	6	2	5	9	3	4
1	3	4	7	5	8	2	9	6
5	6	9	4	3	2	8	1	7
2	7	8	9	1	6	4	5	3
3	1	6	5	4	9	7	2	8
9	4	2	8	7	1	3	6	5
8	5	7	2	6	3	1	4	9

NO. 236

7	5	6	4	2	1	3	8	9
9	3	2	7	5	8	1	6	4
8	4	1	3	9	6	5	2	7
2	1	8	6	3	9	4	7	5
4	9	5	2	8	7	6	3	1
3	6	7	1	4	5	2	9	8
5	7	3	8	6	4	9	1	2
6	8	9	5	1	2	7	4	3
1	2	4	9	7	3	8	5	6

NO. 237

5	1	6	4	3	9	7	8	2
3	8	4	7	1	2	5	6	9
2	7	9	5	6	8	4	1	3
8	2	3	6	9	4	1	7	5
4	5	7	2	8	1	9	3	6
9	6	1	3	5	7	2	4	8
7	3	2	9	4	6	8	5	1
6	4	8	1	2	5	3	9	7
1	9	5	8	7	3	6	2	4

NO. 238

8	1	9	2	6	3	5	4	7
7	5	6	4	8	9	3	1	2
2	4	3	5	7	1	8	6	9
3	6	1	8	4	2	9	7	5
5	2	4	1	9	7	6	8	3
9	7	8	6	3	5	4	2	1
6	3	7	9	2	4	1	5	8
4	9	5	7	1	8	2	3	6
1	8	2	3	5	6	7	9	4

NO. 239

9	5	6	3	4	7	1	2	8
2	8	1	9	5	6	4	3	7
3	7	4	1	2	8	9	6	5
8	6	3	4	7	1	5	9	2
4	2	9	5	6	3	8	7	1
7	1	5	2	8	9	3	4	6
5	3	8	6	9	2	7	1	4
1	4	2	7	3	5	6	8	9
6	9	7	8	1	4	2	5	3

NO. 240

1	8	5	2	3	4	6	7	9
7	4	2	1	6	9	5	3	8
3	6	9	5	8	7	2	4	1
4	9	6	7	2	8	1	5	3
2	3	8	4	1	5	9	6	7
5	1	7	6	9	3	8	2	4
9	7	3	8	5	6	4	1	2
8	5	1	3	4	2	7	9	6
6	2	4	9	7	1	3	8	5

NO. 241

3	1	9	8	4	7	5	6	2
5	4	6	3	1	2	8	7	9
2	7	8	6	5	9	1	3	4
8	5	4	7	2	3	6	9	1
7	9	1	4	6	8	3	2	5
6	2	3	5	9	1	7	4	8
9	8	2	1	7	6	4	5	3
4	3	7	2	8	5	9	1	6
1	6	5	9	3	4	2	8	7

NO. 242

8	2	7	5	6	9	1	4	3
4	6	3	8	7	1	2	9	5
1	9	5	4	3	2	7	6	8
6	5	9	7	1	8	4	3	2
2	3	1	6	9	4	5	8	7
7	8	4	2	5	3	9	1	6
5	4	2	1	8	6	3	7	9
3	1	8	9	2	7	6	5	4
9	7	6	3	4	5	8	2	1

NO. 243

7	3	6	8	5	2	1	4	9
4	1	8	6	9	3	2	5	7
2	9	5	4	7	1	8	6	3
3	8	2	9	6	4	5	7	1
5	4	1	2	8	7	9	3	6
6	7	9	1	3	5	4	2	8
1	6	4	7	2	8	3	9	5
8	5	7	3	4	9	6	1	2
9	2	3	5	1	6	7	8	4

NO. 244

7	1	4	2	3	9	8	6	5
2	5	9	8	6	1	4	7	3
3	6	8	5	4	7	2	1	9
4	3	7	6	1	8	5	9	2
9	8	6	7	5	2	3	4	1
5	2	1	3	9	4	7	8	6
8	9	3	1	7	5	6	2	4
6	4	2	9	8	3	1	5	7
1	7	5	4	2	6	9	3	8

NO. 245

9	7	6	4	2	5	3	1	8
1	8	5	7	6	3	2	4	9
4	2	3	9	1	8	7	5	6
8	5	7	2	4	6	9	3	1
6	1	2	3	5	9	8	7	4
3	4	9	8	7	1	6	2	5
2	3	8	1	9	4	5	6	7
5	9	1	6	3	7	4	8	2
7	6	4	5	8	2	1	9	3

NO. 246

7	1	9	6	3	4	2	5	8
8	3	4	7	2	5	6	1	9
5	2	6	9	8	1	4	7	3
1	9	5	3	6	2	8	4	7
4	6	8	5	1	7	9	3	2
2	7	3	4	9	8	5	6	1
6	5	2	1	7	9	3	8	4
3	8	1	2	4	6	7	9	5
9	4	7	8	5	3	1	2	6

NO. 247

8	3	4	9	1	6	5	2	7
6	1	7	2	8	5	9	3	4
2	5	9	7	3	4	1	8	6
5	7	3	4	9	2	6	1	8
4	2	1	3	6	8	7	9	5
9	6	8	5	7	1	3	4	2
1	8	5	6	4	9	2	7	3
3	9	6	8	2	7	4	5	1
7	4	2	1	5	3	8	6	9

NO. 248

2	3	4	6	5	7	1	9	8
1	5	8	9	4	3	6	7	2
9	7	6	1	2	8	4	5	3
6	2	1	4	3	9	5	8	7
7	8	3	5	1	6	9	2	4
4	9	5	8	7	2	3	6	1
3	1	9	2	8	5	7	4	6
8	6	7	3	9	4	2	1	5
5	4	2	7	6	1	8	3	9

NO. 249

6	7	3	8	9	1	2	4	5
9	1	4	2	5	3	8	7	6
2	5	8	6	7	4	9	3	1
7	8	6	1	4	5	3	9	2
3	9	5	7	8	2	6	1	4
1	4	2	9	3	6	5	8	7
4	3	1	5	6	8	7	2	9
8	6	9	4	2	7	1	5	3
5	2	7	3	1	9	4	6	8

NO. 250

8	5	3	9	4	1	6	2	7						
6	9	1	2	8	7	5	4	3						
7	4	2	3	6	5	1	8	9						
2	6	7	4	1	9	8	3	5						
5	8	4	7	3	6	2	9	1						
3	1	9	5	2	8	4	7	6						
9	7	8	1	5	4	3	6	2	1	9	8	5	4	7
4	3	5	6	9	2	7	1	8	3	4	5	6	9	2
1	2	6	8	7	3	9	5	4	2	6	7	3	1	8
						8	7	1	5	3	9	4	2	6
						5	4	6	8	1	2	9	7	3
						2	3	9	6	7	4	1	8	5
						1	8	5	4	2	6	7	3	9
						6	9	3	7	8	1	2	5	4
						4	2	7	9	5	3	8	6	1

NO. 251

6	1	9	3	8	4	7	2	5						
5	8	4	7	1	2	9	6	3						
7	2	3	5	9	6	4	8	1						
1	3	8	9	6	5	2	7	4						
4	5	6	1	2	7	3	9	8						
2	9	7	4	3	8	1	5	6						
9	7	5	6	4	1	8	3	2	1	5	9	7	4	6
8	6	1	2	7	3	5	4	9	3	6	7	1	2	8
3	4	2	8	5	9	6	1	7	8	2	4	9	3	5
						4	5	3	9	7	2	8	6	1
						2	6	8	4	1	5	3	9	7
						7	9	1	6	3	8	2	5	4
						9	2	4	7	8	6	5	1	3
						1	7	6	5	9	3	4	8	2
						3	8	5	2	4	1	6	7	9

NO. 252

4	7	9	6	8	2	1	5	3						
3	5	1	9	4	7	6	2	8						
6	8	2	5	3	1	9	7	4						
5	1	4	7	9	6	3	8	2						
8	2	6	1	5	3	7	4	9						
7	9	3	4	2	8	5	6	1						
1	4	8	3	6	5	2	9	7	3	4	8	5	1	6
2	6	7	8	1	9	4	3	5	2	1	6	7	9	8
9	3	5	2	7	4	8	1	6	7	5	9	3	4	2
						6	5	3	8	9	4	2	7	1
						1	8	2	5	3	7	4	6	9
						7	4	9	1	6	2	8	3	5
						3	7	1	9	8	5	6	2	4
						5	2	4	6	7	1	9	8	3
						9	6	8	4	2	3	1	5	7

NO. 253

7	5	8	2	9	4	3	1	6						
1	6	9	7	5	3	4	8	2						
4	3	2	6	8	1	7	5	9						
6	1	3	5	4	9	2	7	8						
2	9	7	1	6	8	5	4	3						
8	4	5	3	2	7	6	9	1						
9	2	1	4	7	6	8	3	5	2	4	9	6	7	1
5	8	4	9	3	2	1	6	7	8	5	3	9	2	4
3	7	6	8	1	5	9	2	4	7	1	6	5	8	3
						3	5	9	6	2	8	4	1	7
						4	7	8	1	9	5	3	6	2
						2	1	6	3	7	4	8	5	9
						6	4	1	9	8	2	7	3	5
						7	9	3	5	6	1	2	4	8
						5	8	2	4	3	7	1	9	6

NO. 254

1	6	8	9	4	7	2	5	3						
7	5	4	8	2	3	1	9	6						
2	3	9	6	1	5	8	4	7						
4	9	5	2	6	8	7	3	1						
3	7	2	4	5	1	9	6	8						
6	8	1	3	7	9	4	2	5						
5	4	7	1	9	6	3	8	2	4	5	6	7	1	9
8	2	6	7	3	4	5	1	9	7	3	8	4	6	2
9	1	3	5	8	2	6	7	4	1	9	2	8	3	5
						9	2	5	6	7	3	1	8	4
						4	6	7	5	8	1	2	9	3
						8	3	1	2	4	9	6	5	7
						1	4	3	8	2	5	9	7	6
						7	9	8	3	6	4	5	2	1
						2	5	6	9	1	7	3	4	8

NO. 255

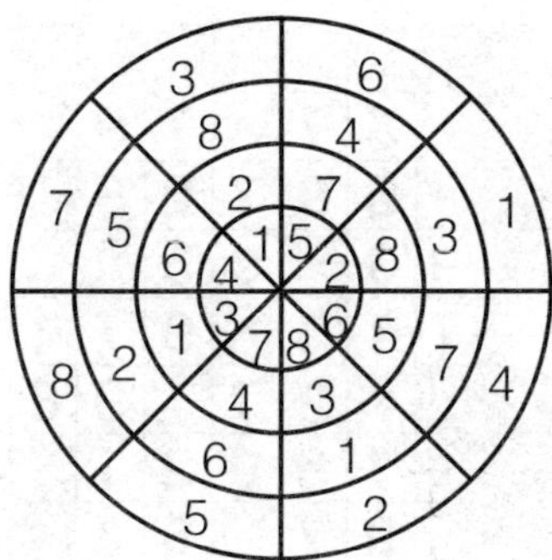

NO. 256

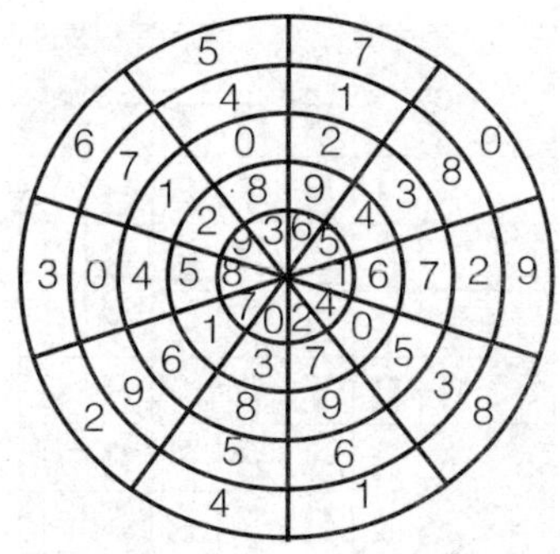

NO. 257

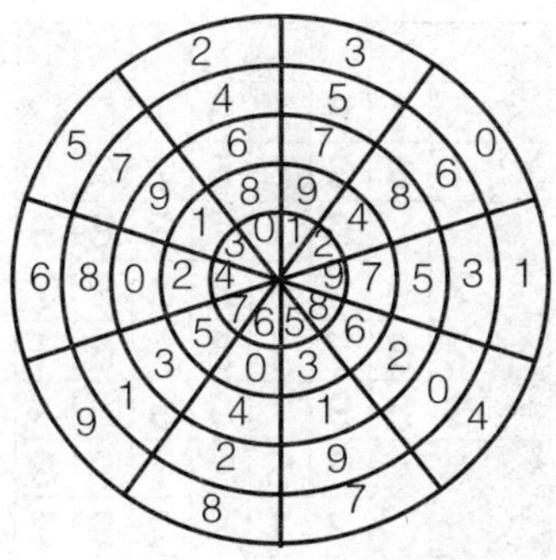

NO. 258

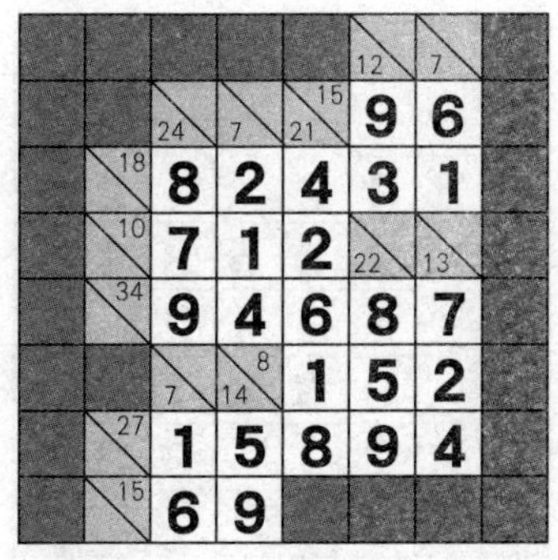

NO. 259

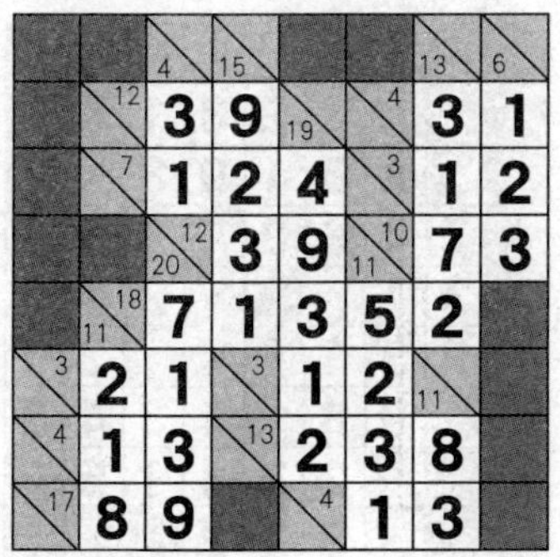

NO. 260

NO. 261

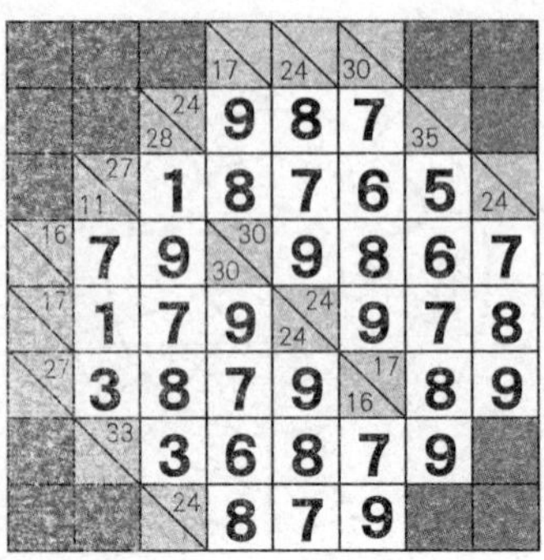

NO. 262

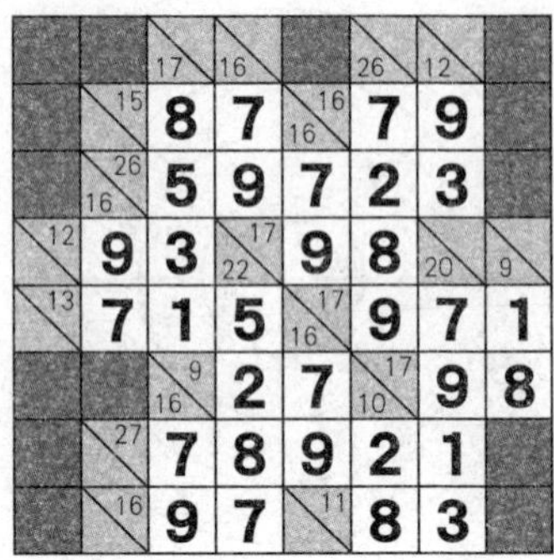

NO. 263

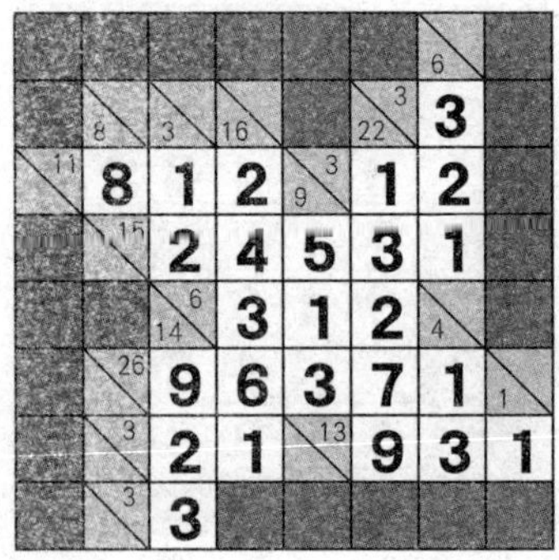

NO. 264

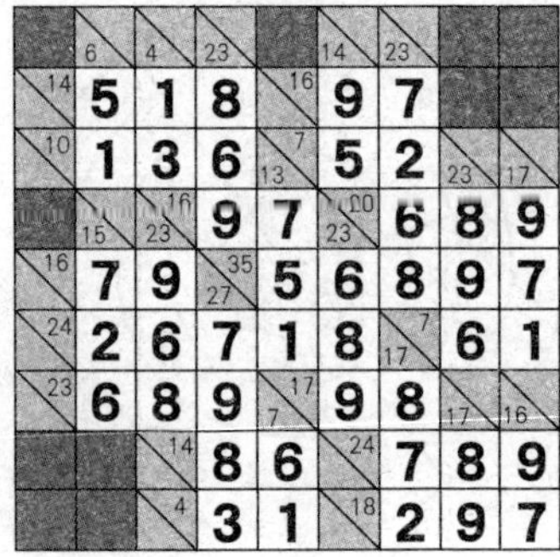

NO. 265

NO. 266

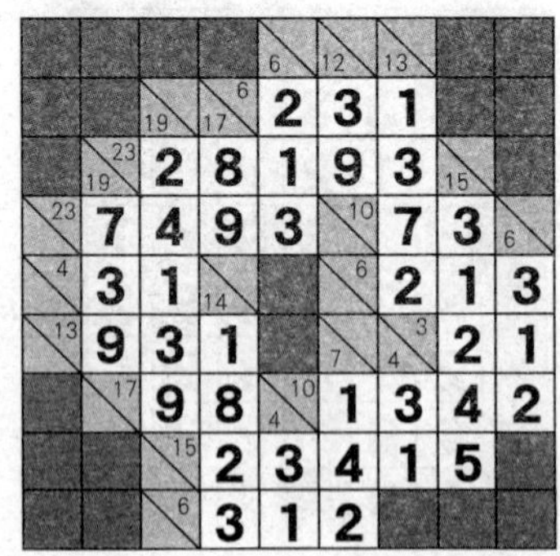

NO. 267

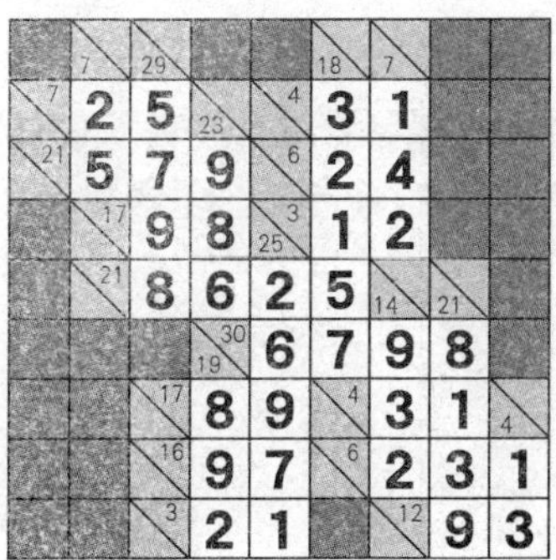

NO. 268

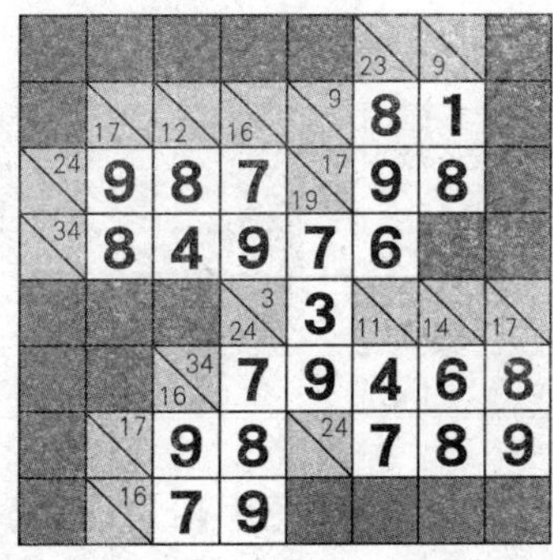

NO. 269

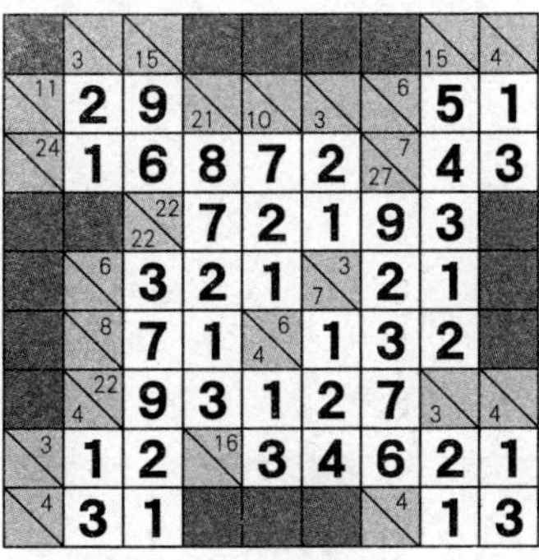

NO. 270

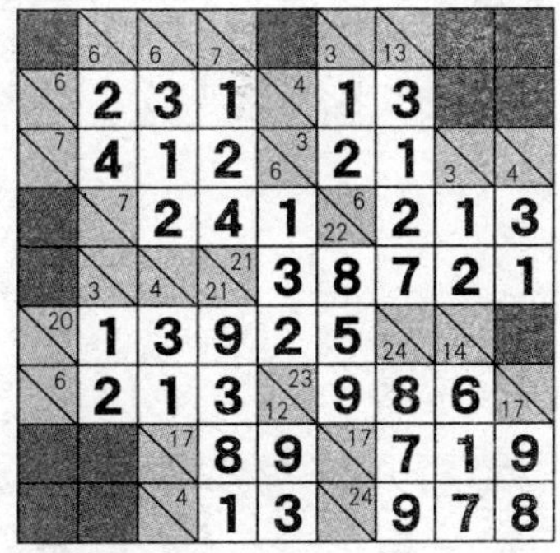

NO. 271

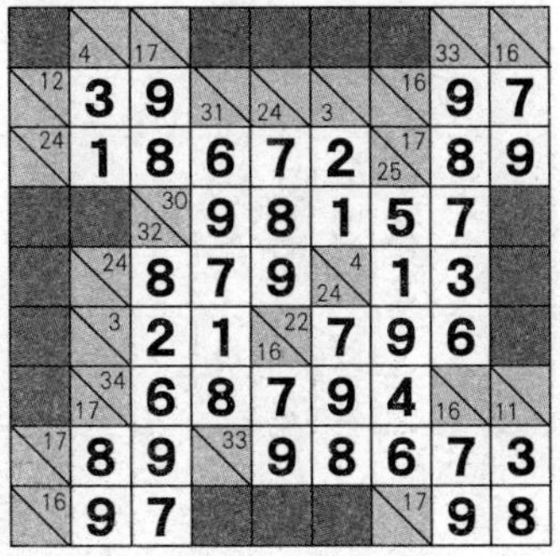

NO. 272

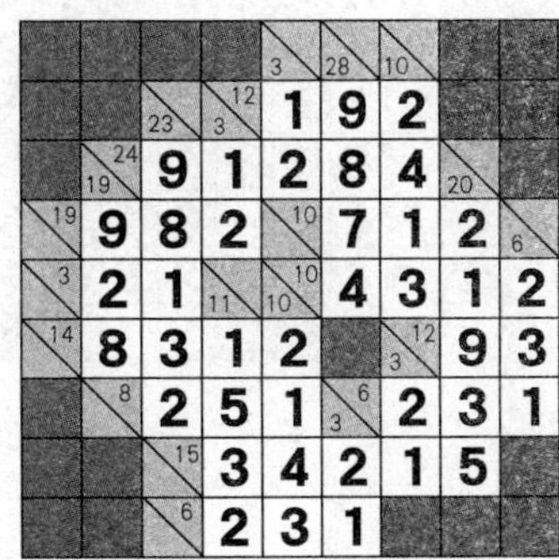

NO. 273

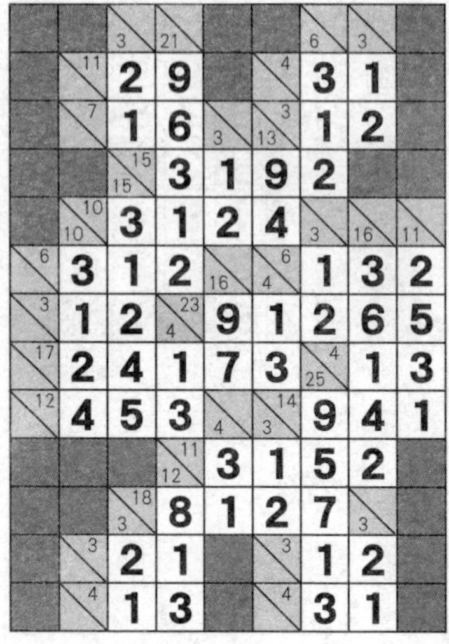

NO. 274

■	■	■	13\	17\	■	29\	16\	■	■
■	■	27\5	4	1	\14	5	9	24\	■
■	17\24	8	9	7	9\16	8	7	1	17\
\17	8	9	33\18	9	2	7	32\17	8	9
\20	9	3	8	3\33	7	9	3	6	8
■	\18	7	9	2	■	16\16	7	9	■
■	■	25\8	7	1	\16	7	9	29\	■
■	14\4	1	3	20\	17\21	9	5	7	16\
\29	5	9	6	1	8	24\24	8	9	7
\16	9	7	16\21	4	9	8	14\14	5	9
■	\23	8	9	6	\22	9	5	8	■
■	■	\16	7	9	\16	7	9	■	■

NO. 275

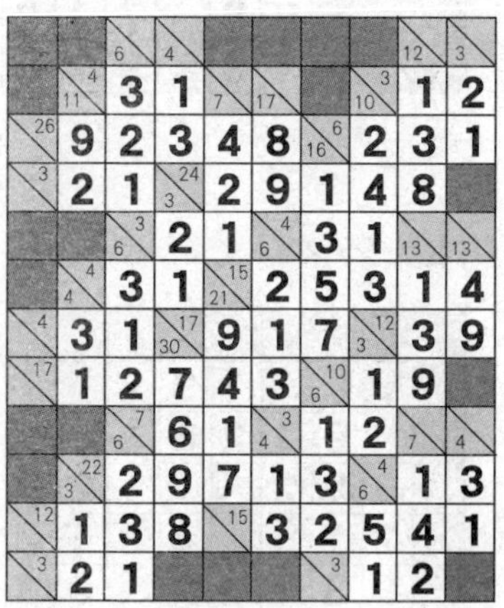

NO. 276

■	22\	24\	■	■	16\	16\	■	■
\16	7	9	■	19\9	2	7	20\	24\
\17	9	8	7\35	8	6	9	5	7
\34	6	7	4	9	8	24\17	9	8
■	11\	11\3	1	2	21\23	8	6	9
\19	9	8	2	6\17	8	9	6\	■
\3	2	1	6\21	2	9	7	3	4\
■	\10	2	1	3	4	7\3	2	1
■	3\	7\3	2	1	24\8	4	1	3
\9	2	4	3	24\11	9	2	23\	24\
\3	1	2	15\31	9	7	1	6	8
■	\22	1	6	7	8	\17	8	9
■	■	\17	9	8	■	\16	9	7

NO. 277

		9\	17\	9\	3\	22\
	22\22	9	7	1	3	2
\3	3	10\17	9	8	8\9	9
\17	9	7	1	22\4	1	3
\5	2	3	16\13	5	7	1
\7	7	8\17	9	8	3\7	7
\28	1	8	7	9	3	

NO. 278

		7\	8\				19\	4\	16\
	9\6	1	5	34\		4\11	3	1	7
\10	1	2	3	4	24\19	1	6	3	9
\12	8	4	\26	6	8	3	9	28\	
			8\16	9	7	\5	1	4	17\
		10\22	5	8	9		16\16	7	9
	3\13	4	2	7		32\21	4	9	8
\6	2	3	1		17\24	7	9	8	
\3	1	2	19\	\6	1	2	3		
	\3	1	2	4\16	7	9		21\	17\
	6\	3\27	7	3	9	8	4\17	9	8
\13	4	2	6	1	\25	6	3	7	9
\7	2	1	4			\6	1	5	

NO. 279

	13\	28\	20\	9\		15\	17\	
\16	2	8	5	1	\8	6	2	
\30	7	9	8	6	20\15	9	6	14\
\16	3	6	4	2	1	15\17	8	9
\9	1	5	3	\11	2	3	1	5
	10\	4\		28\14	6	8	14\	5\
\11	8	3	22\27	9	8	4	5	1
\15	2	1	5	4	3	\13	9	4
	3\	15\14	8	6		19\	29\	21\
\22	2	3	9	8	9\21	5	9	7
\6	1	5	4\17	1	2	4	7	3
	\4	1	3	\11	1	3	5	2
	\7	6	1	\30	6	7	8	9

NO. 280

	22\	13\		19\	16\	23\		19\	12\
\16	9	7	\24	8	9	7	\12	8	4
\6	5	1	7\11	1	7	3	7\3	2	1
\17	8	5	1	3	\28	8	4	9	7
	11\	18\6	4	2	\3	1	2	6\	13\
\14	1	6	2	5	\10	4	1	2	3
\17	8	9	12\	25\		24\	8\3	1	2
\10	2	3	1	4	\18	5	2	3	8
	17\	20\15	6	9	\14	9	5	15\	11\
\29	7	9	5	8	6\10	3	1	4	2
\17	9	8	\6	3	2	1	\3	2	1
\4	1	3	\11	1	4	6	\17	9	8

NO. 281

	11\	19\	30\	15\		8\	25\	
\13	1	3	7	2	\16	7	9	
\29	5	8	9	7	33\9	1	8	13\
\33	3	7	8	6	9	23\16	7	9
\9	2	1	6	\19	5	9	1	4
	9\	17\		33\15	7	8	5\	15\
\16	7	9	7\34	9	8	6	4	7
\20	2	8	1	5	4	\9	1	8
	17\	20\12	4	8		17\	24\	29\
\17	8	3	2	4	7\8	1	2	5
\14	9	5	11\23	7	1	2	5	8
	\17	8	9	\25	2	6	8	9
	\6	4	2	\28	4	8	9	7

NO. 282

	27\	21\						30\	30\
\4	3	1	3\				17\17	9	8
\19	9	8	2	15\		15\20	8	5	7
\16	7	2	1	6	15\30	7	9	8	6
\11	8	3	17\24	9	7	8	16\16	7	9
	\15	7	8	20\8	8	11\8	7	1	
		\17	9	8	7\16	7	9		
			15\19	9	7	3	12\		
		22\11	8	3	16\10	1	9	27\	
	26\16	9	7	9\7	7	13\11	3	8	24\
\7	6	1	9\24	8	9	7	8\3	2	1
\25	9	7	8	1	\30	6	7	9	8
\6	3	2	1			\14	1	7	6
\11	8	3					\10	1	9

NO. 283

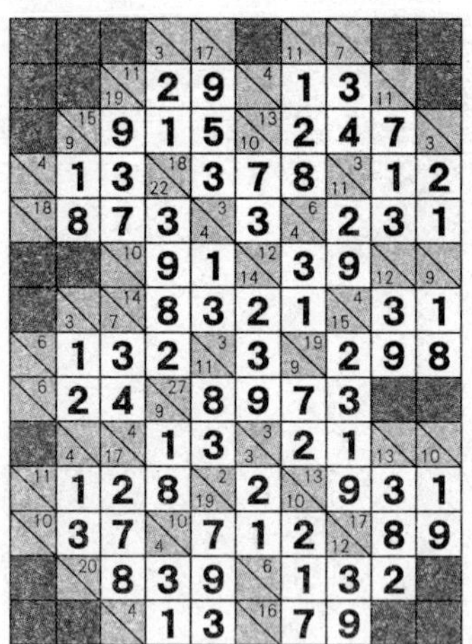

NO. 284

	24\	17\		24\	13\	20\		6\	19\
\17	8	9	\7	2	4	1	\9	2	7
\8	7	1	11\19	8	9	2	7\4	1	3
\21	9	7	1	4	\18	5	1	3	9
	21\	11\4	3	1	\5	3	2	7\	17\
\27	8	3	7	9	\22	9	4	2	7
\16	9	7	20\	18\		26\	23\3	1	2
\19	4	1	9	5	\27	6	9	4	8
	23\	24\11	8	3	\8	2	6	19\	10\
\18	6	8	3	1	16\23	9	8	4	2
\16	9	7	\10	2	7	1	\7	6	1
\17	8	9	\24	7	9	8	\16	9	7

NO. 285

	7\	24\		26\	16\	5\	12\		
\8	1	7	\13	3	7	2	1	14\	
\10	2	8	20\21	6	9	3	2	1	4\
\22	4	9	2	7		\14	9	2	3
		18\17	8	9	27\		3\4	3	1
	4\13	7	3	1	2	4\3	1	8	
\19	3	9	7	4\14	9	3	2	14\	3\
\3	1	2	4\12	3	8	1	13\3	2	1
		14\11	3	1	7	23\6	1	3	2
	12\3	2	1	\15	1	2	3	9	
\17	9	8	19\		\10	3	7	12\	9\
\13	3	1	9	3\	4\10	1	2	3	4
	\23	3	8	2	1	9	\4	1	3
		\14	2	1	3	8	\10	8	2

NO. 286

	11\	24\		17\	13\		4\	24\	
\4	1	3	\11	9	2	\4	1	3	8\
\17	8	9	3\3	2	1	\8	3	4	1
\17	2	5	1	6	3	13\	6\16	9	7
	\9	7	2	\18	7	2	1	8	
	4\	12\			6\5	3	2	18\	
\3	1	2		11\13	1	7	3	2	4\
\4	3	1	20\6	3	2	1	\12	9	3
	\25	9	8	5	3		\8	7	1
		13\4	3	1	24\		8\	18\	
	4\20	6	9	2	3	6\3	1	2	6\
\12	3	9	5\	\29	8	2	7	9	3
\8	1	3	2	\9	6	3	\7	6	1
	\4	1	3	\8	7	1	\3	1	2

NO. 287

	13\	19\	7\	16\	21\			11\	24\
\35	5	7	6	9	8		14\14	5	9
\17	2	3	1	7	4	3\10	1	2	7
\15	6	9	24\	10\26	9	2	3	4	8
		18\12	9	3	23\3	1	2	20\	
	20\19	3	7	2	6	\17	8	9	23\
\32	6	5	8	4	9	29\	\8	2	6
\16	9	7	\15	1	5	9	16\13	5	8
\7	5	2	20\	\25	1	7	5	3	9
	\6	1	5	3\12	2	5	4	1	
	13\	16\3	2	1	16\15	8	7	19\	7\
\29	4	6	9	2	8	17\	12\13	9	4
\7	2	1	4	\18	2	8	4	3	1
\16	7	9		\32	6	9	8	7	2

NO. 288

	18\	11\			22\	9\	4\	6\	18\
\4	3	1	17\	\29	9	7	3	2	8
\22	9	8	5	14\16	6	2	1	3	4
\21	6	2	1	5	7	21\	10\7	1	6
		19\16	7	9	30\3	1	2	24\	
	10\6	2	4	\29	5	9	7	8	14\
\4	1	3		24\22	2	3	1	7	9
\16	7	9	10\23	6	9	8	\4	1	3
\20	2	4	1	5	8		11\8	6	2
	\13	1	2	4	6	3\3	1	2	
	17\	8\16	7	9	21\7	2	5	16\	7\
\14	9	5	17\	10\20	9	1	3	5	2
\18	2	1	8	3	4	\14	2	8	4
\32	6	2	9	7	8		\4	3	1

图书在版编目（CIP）数据

数独 / 贾娟编. — 北京：中国华侨出版社, 2018.5
（大脑使用书 / 侯海博主编）
ISBN 978-7-5113-7651-0

Ⅰ. ①数… Ⅱ. ①贾… Ⅲ. ①智力游戏 Ⅳ. ①G898.2

中国版本图书馆CIP数据核字(2018)第061788号

数独

编　　者：贾　娟
出 版 人：刘凤珍
责任编辑：紫　伎
封面设计：冬　凡
文字编辑：聂尊阳
美术编辑：郭　静
经　　销：新华书店
开　　本：880mm × 1230mm　1/32　印张：7　字数：175 千字
印　　刷：北京万友印刷有限公司
版　　次：2018 年 5 月第 1 版　2019 年 10 月第 16 次印刷
书　　号：ISBN 978-7-5113-7651-0
定　　价：128.00 元（全六册）

中国华侨出版社　北京市朝阳区静安里 26 号通成达大厦 3 层　邮编：100028
法律顾问：陈鹰律师事务所
发 行 部：（010）88893001　传　　真：（010）62707370
网　　址：www.oveaschin.com　E-mail：oveaschin@sina.com